Tucholsky Wagner Zola Scott Sydow Freud Schlegel
Turgenev Fonatne
Wallace
Twain Walther von der Vogelweide Fouqué Friedrich II. von Preußen
Weber Freiligrath Frey
Fechner Weiße Rose von Fallersleben Kant Ernst Frommel
Fichte Richthofen
Engels Fielding Hölderlin Tacitus Dumas
Fehrs Faber Flaubert Eichendorff
Eliasberg Ebner Eschenbach
Feuerbach Maximilian I. von Habsburg Fock Eliot Zweig
Ewald Vergil
Goethe Elisabeth von Österreich London
Mendelssohn Balzac Shakespeare Dostojewski Ganghofer
Lichtenberg Rathenau Doyle Gjellerup
Trackl Stevenson Hambruch
Mommsen Tolstoi Lenz Hanrieder Droste-Hülshoff
Thoma
Dach von Arnim Hägele Humboldt
Verne Hauff
Karrillon Reuter Rousseau Hagen Hauptmann Gautier
Garschin
Defoe Baudelaire
Damaschke Hebbel
Descartes
Hegel Kussmaul Herder
Wolfram von Eschenbach Dickens Schopenhauer
Bronner Darwin Melville Grimm Jerome Rilke George
Campe Horváth Aristoteles Bebel Proust
Bismarck Vigny Barlach Voltaire Federer Herodot
Gengenbach Heine
Storm Casanova Tersteegen Grillparzer Georgy
Lessing Gilm
Chamberlain Langbein Gryphius
Brentano Lafontaine
Strachwitz Claudius Schiller Schilling Kralik Iffland Sokrates
Bellamy
Katharina II. von Rußland Gerstäcker Raabe Gibbon Tschechow
Löns Hesse Hoffmann Gogol Wilde Vulpius
Gleim
Luther Heym Hofmannsthal Klee Hölty Morgenstern
Roth Heyse Klopstock Kleist Goedicke
Luxemburg Puschkin Homer Mörike
La Roche Horaz Musil
Machiavelli
Navarra Aurel Musset Kierkegaard Kraft Kraus
Nestroy Marie de France Lamprecht Kind Kirchhoff Hugo Moltke
Laotse Ipsen Liebknecht
Nietzsche Nansen
Marx Lassalle Gorki Klett Ringelnatz
von Ossietzky Leibniz
May vom Stein Lawrence Irving
Petalozzi
Platon Knigge
Pückler Michelangelo Kock Kafka
Sachs Poe
Liebermann Korolenko
de Sade Praetorius Mistral Zetkin

Der Verlag tredition aus Hamburg veröffentlicht in der Reihe **TREDITION CLASSICS** Werke aus mehr als zwei Jahrtausenden. Diese waren zu einem Großteil vergriffen oder nur noch antiquarisch erhältlich.

Symbolfigur für **TREDITION CLASSICS** ist Johannes Gutenberg (1400 — 1468), der Erfinder des Buchdrucks mit Metalllettern und der Druckerpresse.

Mit der Buchreihe **TREDITION CLASSICS** verfolgt tredition das Ziel, tausende Klassiker der Weltliteratur verschiedener Sprachen wieder als gedruckte Bücher aufzulegen – und das weltweit!

Die Buchreihe dient zur Bewahrung der Literatur und Förderung der Kultur. Sie trägt so dazu bei, dass viele tausend Werke nicht in Vergessenheit geraten.

Einige Ideen zur Schöpfungs- und Entwicklungsgeschichte der Organismen

Gustav Theodor Fechner

Impressum

Autor: Gustav Theodor Fechner
Umschlagkonzept: toepferschumann, Berlin

Verlag: tradition GmbH, Hamburg
ISBN: 978-3-8424-8957-8
Printed in Germany

Ziel der TREDITION CLASSICS ist es, tausende deutsch- und
fremdsprachige Klassiker wieder in Buchform verfügbar zu
machen. Die Werke wurden eingescannt und digitalisiert. Dadurch
können etwaige Fehler nicht komplett ausgeschlossen werden.
Unsere Kooperationspartner und wir von tredition versuchen, die
Werke bestmöglich zu bearbeiten. Sollten Sie trotzdem einen Fehler
finden, bitten wir diesen zu entschuldigen. Die Rechtschreibung der
Originalausgabe wurde unverändert übernommen. Daher können
sich hinsichtlich der Schreibweise Widersprüche zu der heutigen
Rechtschreibung ergeben.

Einige Ideen zur Schöpfungs- und Entwickelungsgeschichte der Organismen.

Gustav Theodor Fechner.

Leipzig, Druck und Verlag von Breitkopf und Härtel. 1873.

Vorwort.

Die Lehre von der Schöpfung und Entwicklung der Organismen ist zugestandenermaßen durch Darwin in ein neues Stadium getreten, indem selbst die vielfache Opposition, die er gefunden, nur beigetragen hat, neues Leben in die ganze Lehre zu bringen. In Deutschland ist es unstreitig Häckel, welcher als Hauptvertreter der Deszendenzlehre in Darwin's Sinne angesehen werden kann; und die lichtvolle, ohne zu großes Detail alles Wesentliche zusammenfassende und in eigener Entwicklung fortführende, Darstellung derselben in seiner, jetzt in vierter Auflage erscheinenden, "Natürlichen Schöpfungsgeschichte" ist in der Tat sehr geeignet, einen klaren Einblick in diese Lehre gewinnen zu lassen. Ich selbst gestehe, nach längerem Sträuben gegen die Deszendenzlehre zu ihr bekehrt worden zu sein. Freilich ist sie nach ihrer bisherigen Aufstellung nicht frei von Schwierigkeiten, Unwahrscheinlichkeiten, Lücken und Hypothesen, die nicht eben so sicher als die durch sie zu verknüpfenden Tatsachen sind. Warum sich also überhaupt an sie halten? Einfach aus dem Grunde, weil jede andere Lehre, durch welche man die Deszendenzlehre ersetzen möchte, an denselben Unvollkommenheiten in unverhältnismäßig höherem Grade leidet. Es gilt in der Tat hier ein fundamentales Entweder, Oder: Entwicklung der höheren Organisationsstufen aus den niedern, oder Neuschöpfung jeder höhern Stufe so zu sagen aus dem Urschlamm; und will man das Letztere nicht annehmen, was fruchtet eine bloß negierende oder bloß mäkelnde Opposition gegen das Erstere?

Spezialisten, die sich von der Frage nicht berührt finden, mögen sie bei Seite lassen; aber sie hängt mit zu vielen und zu wichtigen allgemeinen Fragen zusammen, um sie überhaupt bei Seite zu lassen; statt sich also von ihr abzuwenden, gilt es, ihr gerade ins Gesicht zu sehen. Und muß man hiernach den Grundpunkt der Deszendenzlehre zugestehen, so kann es sich nur noch darum handeln, die Unvollkommenheiten ihrer Ausführung zu heben, das Unhaltbare darin durch Haltbareres zu ersetzen. Schon verschiedene Versuche sind in dieser Beziehung gemacht worden, ohne bisher recht durchschlagend gefunden zu sein. Auch diese Schrift versucht sich in einigen Ideen dazu, die ihres Erfolges zu warten haben.

In der Tat hat man wohl zu unterscheiden, was zur Begründung und Entwicklung der Deszendenzlehre wesentlich ist und was nicht, was Sache der Tatsachen und was Sache ihrer Auslegung ist; und in diesen Hinsichten steht noch keineswegs Alles so fest und sicher, als es nach der Vertretung der Deszendenzlehre durch ihre entschiedensten Anhänger scheinen möchte. Vielmehr glaube ich, daß mit Vorteil für Hebung wichtiger Schwierigkeiten und größere Eingänglichkeit der ganzen Lehre noch eine Vertiefung der allgemeinen Prinzipien derselben, eine Modifikation ihrer Ansicht von der organischen Grundkonstitution und ein Umsturz der Ansicht von der allerersten Entstehung der Organismen möglich ist. Die Vertiefung suche ich in der Aufstellung eines allgemeinen Prinzips, welches alle organischen Entwicklungsgesetze verknüpfend unter sich begreift (III. und XI.), und was ich unter der Bezeichnung als Prinzip der Tendenz zur Stabilität der Aufmerksamkeit der Forscher insofern empfehlen möchte, als nicht nur die, so oft schon gegen Darwin und Häckel geltend gemachte, Forderung eines einheitlichen Planes der organischen Entwicklung, sondern auch die darüber hinaus gehende Forderung einer Vereinbarung des teleologischen und Kausalprinzips des gesamten Geschehens dadurch ihre Befriedigung in einem klaren, exakt formulierbaren Ausdruck findet. Die Modifikation suche ich darin, daß ich die organischen Grundeigenschaften nicht von einer eigentümlichen chemischen Konstitution und damit zusammenhängenden Aggregatform der Materie, sondern von einem molekularen Bewegungszustande abhängig mache (I. II.); den Umsturz endlich darin, daß ich die seither als notwendig behauptete und doch der Bewährung sich hartnäckig entziehende Ansicht von einer primären Entstehung der Organismen aus dem unorganischen Reiche heraus durch eine, aus Betrachtung des Urzustandes der Erde folgende, in gewissem Sinne gerade entgegengesetzte, Ansicht ersetze (V.), womit sich Vieles, was als Konsequenz der bisherigen Ansicht in der Deszendenzlehre fest zu stehen schien, zugleich umkehrt (VIII).

Mit all' dem bleiben Darwin's Gesetze der Züchtung durch Abänderung, Vererbung und Kampf um's Dasein, worin das Wesentlichste seiner Lehre besteht, im Rechte; nur daß das Prinzip des Kampfes um das Dasein hier bloß als Korrektiv oder Ergänzung eines andern Prinzips von noch übergeordnetem Rechte (Prinzip der bezugsweisen Differenzierung, VI.) auftritt, was freilich, wie das Meiste in dieser Schrift und in der Deszendenzlehre überhaupt, nur hypothetisch ist, aber manchen haarsträubenden Unwahrscheinlichkeiten, die nach den bisherigen Hypothesen der Deszendenzlehre noch übrig bleiben, abzuhelfen wohl geeignet scheint.

Endlich kann ich den Widerspruch, den die meisten und entschiedensten Vertreter von Darwin's Lehre gegen die Beteiligung einer bewußten schöpferischen Tätigkeit an der Entstehung und Entwicklung der Organismen erheben, wesentlich nur in einem innern Widerspruche der eigenen Ansichten dieser Gegner und einem, unter exakten Naturforschern nur zu hergebrachten, Fehlschlüsse begründet finden, worüber einige Bemerkungen im letzten Abschnitte.

Der Zustand meiner Augen hat mir nicht gestattet, der so weitschichtigen Literatur über die Darwinsche Lehre in ihrer ganzen Ausdehnung und in alle Spezialitäten hinein zu folgen, was mich abgehalten haben würde, diese Ideen zu veröffentlichen, wenn es sich nicht darin vielmehr um ganz allgemeine Gesichtspunkte als bloße Spezialitäten der Lehre handelte, und nicht hier Wege der Betrachtung eingeschlagen wären, welche überhaupt aus den bisher betretenen heraustreten oder herausführen. Dies hindert nicht, daß mir dies und das entgangen sein kann, worauf mit Bezug zu nehmen vielleicht Anlaß war; auch hat der Umstand, daß diese Schrift nur nach einer allgemeinen Erinnerung an den Inhalt der zu meiner Kenntnis gekommenen Schriften und Abhandlungen über die Darwinsche Lehre, ohne die Möglichkeit speziellen Rückganges darauf, niedergeschrieben werden konnte, verschuldet, daß man speziale Hinweise auf die einzelnen Autoren hier vermissen wird. Wegen beider Mängel wünsche ich Nachsicht bei Beurteilung dieser Schrift zu finden; sie würden doch nur dann schwer wiegen, wenn der eigentümliche Inhalt dieser Schrift nichts wöge. Diesem aber wünsche ich eine unbefangene Prüfung. Nachträglich zur genaueren Erläuterung einer, im ersten Abschnitte mehrmals gebrauchten Ausdrucksweise folgende Bemerkung:

Wenn ein Punkt b sich in Bezug auf einen Punkt a bewegt so nenne ich Kürze halber das Vorzeichen seiner Lage dagegen so lange unverändert, als die Bewegung seines Radius vector bezüglich dazu 180 ^{0} nach keiner Seite überschreitet, hiergegen umgekehrt nach Maßgabe, als es der Fall ist.

I. Unterscheidung des organischen vom unorganischen Molekularzustande und Verhältnisse zwischen beiden.

Versuchen wir, uns eine Vorstellung von der organischen Grundkonstitution in ihrem Unterschiede von der unorganischen zu machen, so wüßte ich nicht, welche angemessenere, ja überhaupt welche andere man sich machen könnte, als folgende, wozu ich die Gründe im folgenden Abschnitte gebe.

Verstehen wir unter Molekülen überhaupt sehr kleine Massen, deren Teilchen durch gegenseitig geäußerte Kräfte in innigerem Verbande unter einander, als mit denen der Nachbarmassen stehen, so beruht der Zustand der unorganischen Moleküle kurz gesagt darin, daß die Teilchen, woraus sie bestehen, durch ihre gegenseitige Wirkung unter Mitwirkung der Beharrung die Ordnung, in der sie gereiht sind, nicht ändern, d. h. das Vorzeichen der Lage mit den Nachbarteilchen nicht wechseln können, was nicht ausschließt, daß sie sich in Schwingungszuständen gegen einander befinden, welche diese Ordnung ungeändert lassen, wozu die Schwingungen nur klein genug gegen den Abstand sein müssen, in dem sich die Teilchen am mittleren Orte ihrer Bewegung befinden. Man kann hinzufügen, daß sie ohne Änderung der imponderabeln Verhältnisse auch diesen mittleren Ort nicht durch eigene Wechselwirkung ändern können.

Auf Schwingungen der Teilchen gegen einander in den Molekülen Rücksicht zu nehmen, wird man jedenfalls dadurch veranlaßt, daß wahrscheinlich die größere oder geringere Temperatur der Moleküle auf mehr oder weniger weiten Schwingungen nicht nur der Ätherteilchen, sondern auch wägbaren Teilchen in den Molekülen beruht. Indem nun die Grenze der abnehmenden Schwingungsweite eine feste Gleichgewichtslage der Teilchen bezüglich einander sein würde, kann man sagen, daß die Teilchen in unorganischen Molekülen Schwingungen um feste Gleichgewichtslagen machen, was nicht ausschließt, daß der damit nicht zu verwechselnde mittlere Ort der schwingenden Teilchen sich mit geänderter Schwingungsweite ändert, wie man in der Tat annehmen muß, wenn die Ausdehnungsphänomene, die man an Systemen von unorganischen Molekülen mit wachsender Temperatur wahrnimmt, sich nicht bloß auf Veränderung des mittleren Ortes ihrer Moleküle, sondern auch der Teilchen der Moleküle beziehen sollten.

Hingegen beruht der Zustand der organischen Moleküle, so lange Lebensfähigkeit derselben besteht, kurz gesagt, darin, daß die Teilchen, aus denen sie bestehen, die Ordnung, in der sie sich in irgend welchem Zeitpunkt gereiht befinden, durch gegenseitige Wirkung unter Mitwirkung der Beharrung immer von Neuem wechseln, d. i. das Vorzeichen ihrer relativen Lage gegen einander immer von Neuem umkehren, wie es durch Kreislaufs- und andere verwickelte Bewegungen der Teilchen bezüglich einander geschehen kann[1] .

Insofern die Wärme-Erscheinungen schwerlich von der Form, sondern von der lebendigen Kraft molekularer Bewegungen abhängen, mag eine verstärkte lebendige Kraft solcher Bewegungen eben so gut eine vermehrte Wärme der organischen Moleküle repräsentieren, als eine vermehrte lebendige Kraft der Schwingungen, welche mit ihrer vergrößerten Amplitude zusammenhängt, die der unorganischen.

Um einen anschaulichen Anhalt für den Unterschied der unorganischen und organischen Moleküle zu gewinnen, erläutern wir uns denselben an dem Unterschiede zweier körperlichen Systeme. Ein Salzkristall, in dem ohne äußeren Druck oder Zug die Teilchen wenn nicht fest gegen einander liegen, doch nur durch Wärme Schwingungen um relativ gegen einander feste Lagen machen, gibt uns im Verhältnisse seiner Moleküle ein Bild von dem Verhältnisse der Teilchen in den unorganischen Molekülen; nur daß wir in diesen eine geringere Anzahl von Teilchen in relativ (gegen ihre Di-

---

[1] Ein Molekül, was in einfacher Rotationsbewegung mit gleicher Winkelgeschwindigkeit aller seiner Teilchen um eine durch seinen Schwerpunkt gehende Achse ohne Verschiebung der Teilchen gegen einander begriffen wäre, würde trotzdem, daß die Teilchen das Vorzeichen ihrer Lage immer von Neuem wechseln, doch nur dann dem Begriffe eines organischen Moleküls entsprechen, wenn dieser Bewegungszustand durch die inneren Kräfte des Moleküls unterhalten würde. Insofern aber die Rotation eines Moleküls ans fest gegen einander liegenden oder nur durch Wärmeschwingungen gegen einander bewegten Teilchen bloß durch Beharrung gleichförmig fortgehen und nur durch äußere Kräfte in der Richtung abgeändert werden kann, fällt es noch unter den Begriff des Unorganischen.

mensionen) größeren Entfernungen von einander anzunehmen haben; hingegen unser Sonnensystem in dem Verhältnisse der Himmelskörper, welche darein eingehen, ein Bild von dem Verhalten der Teilchen in einem organischen Molekül. In der Tat treten die Bewegungen der Massen unseres Sonnensystems ganz unter den Begriff der Bewegungen, die wir den Teilchen der organischen Moleküle beilegen, und beweisen zugleich die Möglichkeit solcher Bewegung, nur daß wir in den organischen Molekülen unter dem Einflusse der Molekularkräfte verwickeltere Bewegungen möglich halten können, als in unserem Sonnensystem vorkommen, sofern in jenen nicht wie in unserem Sonnensystem eine Masse alle andern so sehr überwiegt, daß sämtliche Bewegungen bloß auf wenig gestörte elliptische zurückkommen.

Sofern wir unter dem Einflusse der anziehenden Kraft der Gravitation die Erde sowie das Planetensystem so gebildet finden, daß die Zusammendrängung der Masse (auf die räumliche Ausdehnung des Ganzen verteilt gedacht) nach dem Schwerpunkt des Systems hin zunimmt, dürfen wir von der, zwar nach unbekanntem Gesetze, aber jedenfalls analog wirkenden Molekularkraft, wodurch die Teilchen eines organischen Moleküls um ihren Schwerpunkt zusammengehalten werden, den entsprechenden Erfolg abhängig denken; und sollten einfache Zellen sich als einfache organische Moleküle betrachten lassen, so könnte sich die stärkere Zusammendrängung der Teilchen, kurz stärkere Dichtigkeit, um die Mitte selbst optisch in der Erscheinung eines Kerns geltend machen und zu einer leichteren Festigung Anlass geben; indes die leichte Festigung des Umfanges zur porösen Zellenhaut aus einem andern Gesichtspunkte dadurch bedingt sein könnte, daß die seltenern Teilchen am Umfange des Moleküls sich wie die am Umfange unseres Planetensystems langsamer als die der Mitte näheren bewegen, wegen ihrer geringen Häufung aber Interstitien für die Kommunikation zwischen dem Zellinhalt übrig lassen. Doch gebe ich dies nur für Vermutungen. Auch kann noch fraglich sein, ob einfach erscheinende Zellen wirklich als einfachste organische Moleküle und nicht vielmehr schon als organische Verbände von solchen im alsbald anzugebenden Sinne zu betrachten; in welchem Falle aber ähnliche Verhältnisse für Mitte und Umfang der Zelle durch den organischen Verband der darin enthaltenen organischen Moleküle bedingt sein könnte, als sie zwischen den Teilchen der Moleküle statuiert worden[2] .

Kommen wir von den Verhältnissen der Teilchen der Moleküle zu einander auf die Verhältnisse der ganzen Moleküle zu einander zu sprechen, so ergeben sich auch ohne direkte Beobachtung aus den aufgestellten Begriffen der beiderlei Moleküle einerseits und Tatsachen andererseits nachstehende Folgerungen, auf die es nützlich sein wird, vorweg die Aufmerksamkeit zu richten.

Wenn ein unorganisches Molekül mit einem andern in solche, für unsere Sinne als Berührung erscheinende, Nähe kommt, daß Molekularkräfte zwischen ihnen über die Wirkung der Schwere überwiegend werden, so kann der Erfolg ein dreifacher sein. Entweder das eine Molekül wird von dem andern nach einer durch äußere Kräfte bewirkten erzwungenen Näherung elastisch zurückgeworfen, wie eine Billardkugel beim Anprall an eine andere, indem dieser Erfolg bei ganzen Billardkugeln selbst nur von einem solchen Verhältnisse der in scheinbare Berührungsnähe kommenden Moleküle abhängen kann; oder sie haften in solcher Weise aneinander, daß zwischen den Molekülen dasselbe Verhältnis als zwischen den Teilchen jedes Moleküls nur mit dem Unterschiede eintritt, daß die zusammenhaltende Kraft zwischen den Molekülen schwächer als zwischen den Teilchen der Moleküle ist, was wir kurz als unorganischen Verband unorganischer Moleküle bezeichnen, worauf nicht nur die Adhäsionserscheinungen zwischen unorganischen Körpern, sondern auch der Zusammenhalt unorganischer Moleküle in solchen, so lange die Moleküle noch als besondere unterscheidbar bleiben, beruht. Oder drittens, die in Berührungsnähe kommenden Moleküle vermischen sich in solcher Weise, daß einseitig oder gegenseitig Teilchen aus dem einen in das andere übergehen, und die Bedingung, die für die Teilchen unterscheidbarer Moleküle besteht, nur um relativ gegen einander feste Gleichgewichtslagen ohne Änderung der Ordnung im angegebenen Sinne schwingen zu können, verlassen wird, sie vielmehr im Hinausgehen über einander das

---

[2] Um eine Analogie dafür beizubringen, so findet auch in Sternhaufen eben so eine größere Zusammendrängung der Sterne nach der Mitte des Haufens zu statt, als unstreitig in jedem einzelnen Sterne die Dichtigkeit der Masse nach der Mitte zu wächst.

Vorzeichen ihrer Lagen gegen einander, aber nur in einem Sinne wechseln, worauf die Erscheinungen der Auflösung fester Körper, die Diffusions- und chemischen Verbindungs- und Zersetzungsphänomene beruhen, die zwischen ungleich konzentrierten Auflösungen oder chemisch differenten Massen eintreten, wobei sich der Erfolg von den unmittelbar in Berührungsnähe gebrachten Molekülen zu den übrigen fortpflanzt, ohne daß der Zeichenwechsel der Lage, der dadurch zwischen den Teilchen je zweier Nachbarmoleküle eintritt, sich durch eine rückläufige Bewegung von Teilchen zwischen denselben Molekülen wieder umkehren kann. Alle Lösungen, Diffusionen, chemischen Verbindungen zwischen unorganischen Massen aber gehen nur dahin, durch die Lagen- und Ordnungsverschiebungen, die sie momentan einleiten, den Konzentrations- oder chemischen Unterschied zwischen den Massen durch Herstellung einer gleichförmigen Austeilung von gleichbeschaffenen zusammengesetzten Molekülen in einem neuen unorganischen Verbande auszugleichen, ohne zu Bewegungen der Art, wie wir sie in organischen Molekülen als vorhanden und in organischen Systemen davon abhängig denken, ausschlagen zu können[3] .

In tropfbar flüssigen unorganischen Massen ist der Verband der Art, daß die Verschiebung der Moleküle gegen einander durch äußere Kräfte nach allen Seiten gleich leicht, in festen Körpern hingegen nach verschiedenen Richtungen verschieden leicht und der Widerstand gegen die Verschiebung überhaupt größer ist. In gasförmigen Körpern findet überhaupt kein Verband der Moleküle mehr statt.

Wenn organische Moleküle mit organischen in scheinbare Berührungsnähe kommen, so daß Molekularkräfte zwischen ihren beiderseitigen Teilchen wirksam werden, so kann eben so wie bei unorganischen Molekülen ein dreifacher Fall gedacht werden.

Einmal der, uns jedoch hier nicht interessierende, Fall, daß sie nach gewaltsamer Annäherung elastisch von einander zurückprallen, womit kein Verband überhaupt zu Stande kommen kann, zwei-

---

[3] Dies hindert nicht, daß unter dem äußeren Einflüsse kosmischer Fernkräfte sehr unregelmäßige Bewegungen der Teilchen von Meer und Luft fortgehen, die aber bald zur Ruhe kommen würden, wenn diese Fernkräfte zu wirken aufhörten.

tens daß sie nach dem Prinzip unorganischen Zusammenhanges an einander haften, so nämlich, daß sie (auf ihre Schwerpunkte reduziert gedacht) nur gegen einander Schwingungen um relativ feste Gleichgewichtslagen machen, indes sie in sich Bewegungen von angegebenem Charakter, kurz organische Bewegungen vollziehen, was, wenn derartige Systeme überhaupt existieren, im Ganzen Erscheinungen, wie wir solche an Systemen aus unorganischen Molekülen beobachten, also den Mangel an Lebenserscheinungen und Entwicklungsfähigkeit erwarten lässt. Endlich drittens, daß sich die Teilchen und Bewegungen der zusammengebrachten Moleküle in der Art mischen, daß Teilchen aus dem einen in das andere unter Zeichenwechsel der Lage und Richtung übergehend und wieder rückgehend eine Verbindung zwischen beiden bewirken, die mehr oder weniger innig sein kann, indem sie zwischen den beiden Grenzen schwankt, daß bloß die am äußersten Umfange der Moleküle kreisenden Teilchen ihre Bewegung in eine zwischen beiden oder um beide gemeinsam kreisende verwandeln, indes die übrigen noch Kreisläufe und sonst Bewegungen, die jedem Molekül für sich verbleiben, vollziehen, und daß die Gesamtheit der Teilchen beider Moleküle wechselnd nach beiden Seiten über einander hinausgeführt wird, womit eine vollständige Verschmelzung beider zu einem neuen Molekül zu Stande gekommen ist. Zwischen diesen beiden Grenzen kann es alle möglichen Zwischengrade der Verschmelzung und hiermit des organischen Verbandes geben. Jedenfalls aber muß bei wachsender Annäherung das Wachstum der Verschmelzung von den äußeren nach den inneren Teilchen fortschreiten, weil natürlich die am Umfange jedes Moleküls sich bewegenden Teilchen eher und leichter der Anziehung des andern Moleküls folgen können, als die um die Mitte sich bewegenden. Denkt man sich die Teilchen in einem Momente ihrer Bewegung festgehalten und das System beider Moleküle hiermit erstarrt, so nimmt die partielle Verschmelzung beider die Gestalt zweier gesonderten dichteren Kerne innerhalb eines sie gemeinsam umschließenden und eine Zwischenverbindung zwischen ihnen vermittelnden loseren Parenchyms an, das sich bei wachsender Verschmelzung der Moleküle auf Kosten der Kerne immer mehr verdickt. In Wirklichkeit aber muß man sich sowohl die Kerne als das Parenchym aus bewegten Teilchen bestehend denken, so lange überhaupt der organische Zustand voll besteht. So wie nun zwei

Moleküle für sich gesonderte Kerne im angegebenen Sinne haben können, indes sie vom Umfange herein verschmolzen sind, kann dies auch bei ganzen Reihen von Molekülen stattfinden, und durch das nur nicht erstarrt sondern lebendig gedachte Parenchym eine Kontinuität organischer Bewegung zwischen ihnen längs der ganzen Reihe vermittelt werden.

Weiter aber, wie wir uns stufenweise vor sich gehende Verschmelzungen organischer Moleküle denken können, so, nur in umgekehrter Richtung, stufenweise Teilungen derselben, so daß der Teilungsprozeß eben so beim Kerne beginnt, wie er beim Verschmelzungsprozesse damit schließt. Ganze Reihen partiell verschmolzener Moleküle aber lassen sich selbst erst dadurch entstanden denken, daß die ohne Aufgeben einer organischen Verbindung geteilten, nachdem sie sich durch Ernährung vergrößert haben, sich abermals teilen u. s. f. Und unstreitig läßt sich alle Entwicklung der Organismen fundamental auf eine solche fortgehende Teilung der organischen Moleküle zurückführen. Nur kann bemerktermaßen fraglich sein, ob selbst die einfachsten Zellen mit Zellenkern als einfache Moleküle und nicht vielmehr schon als Verbände, in welchen die Moleküle nach der Mitte zu dichter als nach dem Umfange zu gelagert sind, anzusehen. Auch läßt sich, wenn schon nicht beweisen, doch sehr wohl verstehen, wie ein solcher Verband, in dem alle Moleküle durch ein gemeinsames, nach dem Innern des Verbandes an Dichte wachsendes Parenchym verbunden sind, bei fortschreitender Ernährung eben so gut Anlass haben kann, sich im Ganzen, vom dichteren Kern anfangend, zu teilen, als dies von den einfachen Molekülen selbst gilt.

Nun aber können auch unorganische Moleküle mit organischen, und ganze unorganische Verbände mit organischen Verbänden in Verband treten, und zwar auf doppelte Weise, entweder so, daß sie nach dem Prinzip des unorganischen Verbandes bloß an einander fest adhärieren, wie die Auster und Schnecke an der fertigen Schale, d. h. daß die beiderseitigen Moleküle wohl Wärmeschwingungen gegen einander machen können, ohne daß aber Teilchen zwischen beiden übergehen und das Vorzeichen ihrer Lage gegen einander tauschen, oder so, daß letzteres eintritt, was wir kurz Stoff-Verkehr zwischen beiden nennen. Dadurch können entweder einseitig Bestandteile der unorganischen Moleküle, wenn nicht ganze unorganische Moleküle in die organischen aufgenommen werden und in die verwickelten inneren Bewegungen derselben mit eingehen, indem zugleich die organischen Moleküle sich dadurch nähren und unter Voraussetzung, daß sie nichts wieder abgeben, wachsen; oder es können umgekehrt Bestandteile der organischen Moleküle sich ausscheiden und mit den unorganischen Molekülen nach dem Prinzip des unorganischen Verbandes verbinden, oder selbst ganze organische Moleküle sich in unorganische umsetzen und mit den benachbarten unorganischen unorganisch verbinden, womit vielmehr die unorganischen Massen, so fern sie nichts gegenteils abgeben, wachsen. Solchergestalt wachsen nicht nur die Knochen und Schalen der Tiere, sondern in solcher Weise kommen auch Sekretionen von Flüssigkeiten in den Organismen zu Stande. Oder endlich drittens, organische Moleküle nehmen Bestandteile von unorganischen auf, ziehen sie in ihren Prozess hinein und geben andererseits Bestandteile an die festen oder flüssigen unorganischen Massen ab, mit denen sie in Berührung sind, und es kann sein, daß, wenn ein organischer Verband an verschiedenen Seiten mit verschiedenen unorganischen Massen in Beziehung steht, er von einer Seite Bestandteile aufnimmt, die er von der anderen wieder ausscheidet.

Bei all' dem besteht zwischen organischen und unorganischen Zuständen nach Erfahrung und Begriff keine feste Grenze, und der Unterschied muß nur als relativer gemacht werden, sofern nach Maßgabe, als die Zustände sich der einen oder andern Bestimmungsweise des Begriffes nähern, auch die damit in Beziehung stehenden Folgerungen sich dem einen oder andern Falle nähern. Zellen, Häute, Zellenkerne und Knochenteile, die dem inneren Stoffwechsel noch nicht ganz entzogen sind, mögen sich als Verbindungen von Teilchen betrachten lassen, welche die Ordnung, in der sie gegen einander gereiht sind, nur sehr langsam wechseln und insofern annähernd unter den Begriff unorganischer Teile treten, ohne ihm doch vollständig zu entsprechen, was man im Auge behalten mag, wenn wir dergleichen Teile Kürze halber schlechthin als unorganische Teile von Organismen, und solche insofern als Mischsysteme organischer und unorganischer Teile bezeichnen; indes fraglich ist, ob in Organismen überhaupt vollkommen unorganische Teile in unserm Sinne bestehen. Hiernach besteht auch zwischen den beiden Arten des Verbandes, welchen organische

Moleküle mit unorganischen Molekülen eingehen können, keine feste Grenze.

Jedenfalls alle höheren Organismen, und fraglich, ob nicht selbst die niedersten, sind als Mischsysteme zwischen organischen und unorganischen Teilen wenn nicht unter strenger, so doch approximativer Anwendung des letzteren Begriffes zu betrachten. Wie sich nun aber auch beide in einem solchen Mischsysteme kombinieren mögen, so besteht wahrscheinlich für einen Zusammenhang der Lebenserscheinungen in jedem pflanzlichen, tierischen und pflanzentierischen Organismus die Bedingung, daß der organische Verband organischer Moleküle ein kontinuierlicher sei. Soll diese Kontinuität nicht durch eingeschobene feste Knochenteile aufgehoben werden, so darf derselbe nur nach gewissen Richtungen dadurch unterbrochen werden, indes er noch nach andern Richtungen fortbesteht; und sollen Zellen nicht aus dem organischen Verbande herausfallen, so müssen ihre Wände noch durchgängig genug für den Stoffverkehr sein.

Unstreitig lassen sich auch Systeme denken, in welchen unorganische Moleküle, deren Teilchen also nur um relativ feste Gleichgewichtslagen gegen einander schwingen, sich in Bewegungen zu einander befinden, wie wir sie in den Teilchen der organischen Moleküle suchen, kurz in organischen Bewegungen; und es ist möglich, daß wirklich in den Ernährungsvorgängen der Organismen ganze unorganische Moleküle, ohne das unorganische Verhältnis ihrer Teilchen zu einander aufzugeben, in den verwickelten Bewegungsprozess der organischen Moleküle mit hineingezogen werden, was in den, von den organischen Bewegungen in den Molekülen abhängigen Lebenserscheinungen der ganzen Organismen keinen wesentlichen Unterschied begründen kann. Hingegen vermag man, so weit sichere Erfahrungen reichen, durch bloße Wechselwirkung von unorganischen Molekülen oder unorganischen Verbänden, wie man auch Lösungen, Diffusionen, chemische Wirkungen variieren und kombinieren möge, zu keinen Zuständen zu gelangen, welche von dem Charakter der Lebenserscheinungen begleitet wären; und es wird weiterhin zu zeigen sein, daß wir auch nicht nötig haben, die Entstehung organischer Zustände aus Zuständen, welche dem Begriffe des Unorganischen entsprechen, anzunehmen. (Abschn. V.)

In Wirklichkeit wirken in jedem organischen wie unorganischen Molekül oder System wie Mischsystem innere und äußere Kräfte mit der Beharrung dahin zusammen, den jeweiligen Ruhe- oder Bewegungszustand der Teilchen zu bedingen; doch können wir das, was als Erfolg der äußeren und was als Erfolg der inneren Ursachen, d. i. Kräfte in Zusammensetzung mit der nie fehlenden Beharrung anzusehen ist, durch Abstraktion bis zu gewissen Grenzen trennen und jedenfalls innere Änderungen nicht bloß als Erfolg äußerer Ursachen oder Kräfte ansehen, die bei gleichbleibenden äußeren Umständen vor sich gehen oder ganz außer Proportion mit deren Änderungen stehen, oder, statt sich vom Äußern nach dem Innern fortzupflanzen, wie dies bei äußeren Einwirkungen, die nicht durch merkliche Fernkräfte geschehen, der Fall sein muß, eine ganze Masse von merklicher Größe, Inneres und Äußeres, auf einmal in Zusammenhang ergreifen, oder sich gar vom Innern auf das Äußere fortpflanzen; was nicht ausschließt, daß diese Zustände sich doch auch durch Änderung der äußeren Umstände mit ändern, durch äußere Anregungen ausgelöst sein können und bei andern äußeren Umständen anders ausgefallen sein wurden.

Bezeichnen wir nun in Kürze die Abhängigkeit von inneren Kräften als Spontaneität, die Abhängigkeit von äußeren als Rezeptivität, eine Begriffsbestimmung, die, obwohl sie für uns hier wesentlich nur den Zweck abkürzender Bezeichnung faktischer Verhältnisse hat, doch auch ganz wohl in die hergebrachte Auffassung dieser Begriffe hineintritt, nur daß sie sich hier auf das materielle Gebiet bezogen finden, indes man gewöhnlich vorzugsweise oder doch mit das geistige Gebiet dabei vor Augen hat. Es ist aber mit Vorigem nichts weniger als ausgeschlossen, daß an der physischen Spontaneität eine psychische hängt, welche, wenn sie die psychophysische Schwelle übersteigt, was nicht überall notwendig ist, als Triebkraft zur Änderung eines Zustandes gespürt wird, und mit der physischen der gleichen Gesetzlichkeit unterliegt, worauf aber einzugehen nur für die Psychophysik ein Interesse haben kann.

Insoweit wir uns auf der physischen Seite halten, werden wir nach Vorigem sagen können, daß unorganische Moleküle nur den Ort, organische auch die Ordnung ihrer Teilchen spontan ändern können.

II. Gründe für die vorige Auffassung.

Die Gründe für vorige Auffassung des unorganischen und organischen Zustandes liegen in Folgendem:

Den Zustand der unorganischen Körper anders aufzufassen, liegt jedenfalls in den Tatsachen kein Grund vor; vielmehr treten die Tatsachen der Kristallisation und Elastizität ganz in die vorige Vorstellung hinein, und es ist um so weniger nötig, ausführlich darüber zu sein, als man den unorganischen Zustand von jeher nicht anders aufgefasst hat, ohne sich aber dabei je zum klaren Bewußtsein gebracht zu haben, daß der organische sich unmöglich eben so auffassen läßt.

Durch die Wirkung äußerer Druck- und Zugkräfte kann allerdings die Ordnung der Moleküle in unorganischen Körpern sehr gegen einander verschoben werden, und es ist denkbar, daß nur in minderm Grade auch die Ordnung der Teilchen der Moleküle selbst dadurch verschoben werden kann; nur widerspricht dies nicht der Charakteristik des unorganischen Zustandes, da von ihm bloß die Unmöglichkeit einer solchen Verschiebung durch innere Kräfte der Moleküle ausgesagt ist. Auch kehren beim Nachlaß solcher Kräfte die Teilchen alsbald durch Schwingungen von abnehmender Amplitude entweder in die alte Ordnung gegen einander zurück, oder nehmen eine neue an, in der sie ohne Zutritt neuer äußerer Kräfte verharren; ersteres, wenn die Elastizitätsgrenze durch Zug oder Druck nicht überschritten war, letzteres, wenn es der Fall war.

Auf die Auflösungs-, Diffusions- und chemischen Vorgänge zwischen unorganischen Massen, welche zu Ordnungsverschiebungen nach bestimmter Richtung Anlaß geben können, komme ich nach dem, was oben darüber gesagt ist, nicht zurück.

Was den organischen Zustand anlangt, so erscheint es aus mechanischem Gesichtspunkte überhaupt leichter, sich die Entstehung von Bewegungen mit Änderung der Ordnung der Teilchen, als von Schwingungen um relativ feste Gleichgewichtslagen mit Einhaltung einer festen Ordnung vorzustellen; ja unter dem bloßen Einflusse von Kräften, welche sei es das Gravitationsgesetz oder irgend ein andres Anziehungs- oder Abstoßungsgesetz befolgen, ohne das

Vorzeichen der Richtung mit der Entfernung der Teilchen zu wechseln, würde an die Möglichkeit von Bewegungszuständen letzter Art, so weit ich es übersehe, nicht zu denken sein. Wenn nun aber doch die Erscheinungen dafür sprechen, daß dergleichen Platz finden können, mithin irgendwelche Kräfte dazu vorhanden sein müssen, so beweisen sie von der andern Seite, daß nicht alle materiellen Kräfte der Art sind, indem sonst die kontinuierlichen Bewegungen der Planeten nicht zu Stande kommen könnten. Muß aber einmal zugestanden werden, daß es sowohl Kräfte gibt, welche das eine, als welche das andere gestatten, so kann es auch unter den Molekularkräften solche geben, welche sowohl das eine als das andere gestatten[4] ; und daß dem wirklich so sei, wird direkt dadurch bewiesen, daß sich die charakteristischen Erscheinungen, wodurch sich die organischen von unorganischen Systemen unterscheiden, dadurch und in keiner andern Weise erklären lassen.

Wenn das einfachste organische Wesen, was wir kennen, ein strukturloses mikroskopisches oder höchstens stecknadelkopfgroßes protoplasmatisches Schleimkügelchen, ein sog. Moner, oder ein ähnlich konstituiertes weißes Blutkügelchen oder eine als einfache nackte Zelle mit Zellenkern sich darstellende Amöbe alle mannigfachen Gestaltänderungen, welche eine Kautschukmasse unter Verschiebung der Ordnung der Teilchen durch äußeren Druck, Zug anzunehmen vermag, spontan annehmen kann, so liegt in den Verhältnissen des unorganischen Zustandes kein Erklärungsgrund dafür; hingegen läßt sich das Zustandekommen solcher spontanen Gestaltänderungen unter unsern Voraussetzungen über den organischen Zustand sehr wohl repräsentieren, sei es, daß wir diese Geschöpfchen als einfachste organische Moleküle oder schon als organische Systeme solcher Moleküle oder selbst als Mischsysteme im angegebenen Sinne ansehen.

In der Tat unter erster Voraussetzung können die Teilchen des Moleküls im Laufe der ihre Ordnung ändernden Bewegung bald vielmehr innerhalb eines kugelförmigen, bald innerhalb eines langgestreckten zylinderförmigen Raumes versammelt bleiben, und dazwischen, so lange keine beschränkenden Bedingungen einer allseits freien Bewegung vorliegen, die verschiedensten Gestalten

---

[4] Näheres hierüber s. im Zusatz am Schlusse dieses Abschnittes.

repräsentieren, wobei wir die Gestalt immer durch Flächen, welche durch die äußersten Teilchen gelegt werden, bestimmt denken. Damit ist nicht gesagt, daß alle diese mit dem organischen Zustand aus allgemeinem Gesichtspunkte verträglichen Gestaltänderungen bei jedem Moner auch wirklich eintreten werden, es vollzieht ja nicht wirklich alle möglichen, es vollzieht eben nur die, welche aus den eben bestehenden Bewegungen der Teilchen unter Mitwirkung veränderlicher äußerer Anregungen entstehen können; wobei nichts hindert, die materiellen Antriebe, insoweit sie wirklich spontan sind, von empfundenen spontanen Antrieben begleitet, ja diese als innere Erscheinung wesentlich daran geknüpft zu denken, insofern die psychophysische Schwelle dabei überstiegen wird[5] . Wir werden selbst nach einem später zu besprechenden allgemeinen Prinzip zuzugeben haben, daß ohne veränderliche äußere Anregungen der Bewegungszustand der Teilchen und hiermit die Gestaltänderung des ganzen Moleküls einem mehr oder weniger stabilen Zustande der Periodizität zustreben und schließlich in einem solchen endigen würde, ohne damit zuzugeben, daß dieser Zustand in Schwingungen der Teilchen um relativ feste Gleichgewichtslagen bestehen würde, welchen die Teilchen in unorganischen Molekülen spontan zustreben.

Nun fragt sich noch, ob selbst die einfachsten Organismen, die wir kennen, wirklich so gleichförmig konstituierte Massen sind, als

---

[5] Nach der Darlegung in meinen "Elementen der Psychophysik" bedarf jeder materielle Prozeß, welcher seiner Natur oder Form nach geeignet ist, Empfindung oder überhaupt ein Bewußtseinsphänomen mitzuführen, doch eines gewissen Grades der Lebhaftigkeit oder Stärke (lebendigen Kraft), welchen ich die Schwelle nenne, damit das Phänomen wirklich ins Bewußtsein trete; so lange die Schwelle nicht überstiegen ist, bleibt das Phänomen "unbewusst" und könnte man es so ansehen, als ob der materielle Prozess allein vorhanden wäre, wenn nicht die Bewegungen unter der Schwelle phychophysisch eben so gebraucht würden, das in der Psychologie eine so große Rolle spielende Gebiet des Unbewußtsten, als die Bewegungen über der Schwelle das des Bewußten zu repräsentieren. Meine Ansichten in diesen Hinsichten weichen wesentlich von den Hartmannschen ab, was aber nicht nötig ist, hier auszuführen, indem es hier nur galt, den in der Folge noch einigemal wiederkehrenden Begriff der Schwelle, so wie ich ihn verstehe, zu erläutern. Um ein kurzes Bild zu brauchen: wie Eisen erst, wenn es über einen gewissen Grad erhitzt ist, sichtbar glühend wird, bricht Bewußtsein erst hervor, wenn der Prozess, an den es sich zu knüpfen vermag, einen gewissen Grad der Stärke übersteigt.

sie unter dem Mikroskope erscheinen; aber sehen wir sie, statt für einfache organische Moleküle, für Systeme von solchen in organischem Verbande derselben an, so ändert sich die vorige Auffassung nicht wesentlich. Denn nach der Vorstellung, die wir uns von einem organischen Verbande organischer Moleküle machten, muß ein solcher alle Gestaltänderungen, die ein elastisches Gewebe mit eingeschlossenen festen Kugeln durch äußere Druck- und Zugkräfte rezeptiv annehmen kann, spontan annehmen können; indem die festen Kugeln hier durch die Kerne der Moleküle vertreten werden, deren Teilchen nicht wechselseitig zwischen den Molekülen übergreifen.

Aber auch selbst als Mischsystem könnten wir das Moner betrachten, indem wir es etwa mit unorganischer Flüssigkeit durchtränkt, oder es mit einem unsichtbaren, nur aber als biegsam vorzustellenden, unorganischen Netze durchzogen dächten; dann würde der Spontaneität der organischen Bewegungen kein anderes Hindernis dadurch erwachsen, als daß dadurch unorganische Massen von den organischen, an denen sie adhärieren, mit fortgezogen werden müssen.

Nicht minder werden Zellen mit Zellhaut ihre Gestalt noch in freiester Weise spontan ändern können, so lange nur die Festigkeit der Zellhaut nicht in Starrheit übergegangen ist. Ist dies der Fall, so hört freilich diese Möglichkeit der Gestaltänderung auf, was aber nicht ausschließt, daß der Zellinhalt sich fortgehens in organischer Bewegung befinde, und diese Bewegung sich selbst durch Interstizien der Zellhaut fortsetze, wie unstreitig in den Pflanzen geschieht.

Sind einmal spontane Gestaltänderungen so einfacher Wesen, als wir in Betracht zogen, vermöge der organischen Konstitution derselben möglich, so sind natürlich unter dem Miteinflusse äußerer Widerstände auch spontane Lokomotionen derselben möglich, ohne daß es der Zuziehung eines neuen Prinzips dazu bedarf.

Nach denselben Prinzipien lassen sich die spontanen Gestaltänderungen und Lokomotionen der zusammengesetztesten Organismen erklären; nur daß hier wegen Einschiebung größerer starrer Massen oder Anheftung der organischen Teile an solche die Gestaltänderungen und davon abhängigen Weisen der Lokomotion Beschränkungen erleiden und in bestimmte Formen gebannt sein können, wie es bei jenen einfachsten Wesen nicht eben so der Fall ist.

Man hat gefunden, daß Rädertierchen und andere kleine Organismen durch Eintrocknen in einen scheinbar toten unorganischen Zustand gebracht, durch Befeuchtung aber wieder zum Leben erweckt werden können, wofern nur die Temperatur beim Eintrocknen nicht bis zur Gerinnung des Eiweißes erhöht war. Es würde unstreitig schwer sein, sich vorzustellen, mag auch die Möglichkeit davon nicht im Allgemeinen geleugnet werden, wie durch Zufügung von unorganischem Wasser zu einem unorganischen Verbande unorganischer Moleküle neue Lebensbewegungen sollten erwachen können, nicht minder worin sich der bleibend tote Zustand der trocknen Tierchen nach der Gerinnung des Eiweißes von dem, der noch eine Wiedererweckung gestattet, unterscheidet. Beides im Zusammenhange aber repräsentiert sich, wenn wir in den der Wiederbelebung fähigen trocknen Tierchen die organischen Bewegungen noch in den organischen Molekülen fortgehend, aber zwischen denselben aufgehoben halten, so daß das ganze Tierchen in starrem Zustande erscheint; sei es, daß ein das Tierchen durchsetzendes Gerüst oder eine dasselbe umgebende Haut erstarrt, oder die organischen Moleküle selbst in festen unorganischen Verband treten, indes in den der Wiederbelebung nicht mehr fähigen Tierchen auch die organischen Bewegungen in den Molekülen selbst aufgehoben sind oder vielmehr sich in bloße Wärmeschwingungen verwandelt haben. Jedenfalls, wenn vor dem Austrocknen der Tierchen organische Bewegungen in den Molekülen bestanden, liegt eben so wenig ein klarer Grund vor, weshalb sie durch Entziehung des dazwischen interponierten unorganischen Wassers sollten ihre Form in die von Wärmeschwingungen ändern müssen, als ein Grund, welcher erklärte, daß, wenn die Wandlung doch erfolgt ist, durch bloße Zufügung von Wasser sich die unorganische Bewegung in organische rückverwandeln könne; daher mir in der Tat am wahrscheinlichsten scheint daß, so lange die Wiederbelebung durch Zufügung von Wasser noch möglich ist, die organischen Bewegungen in den organischen Molekülen der trocknen Tierchen noch fortbestehen.

Unter gleichem Gesichtspunkt als die getrockneten Rädertierchen werden sich die Jahrtausende lang in trocknem Zustande verbliebenen Getreidekörner aus den Pyramiden betrachten lassen, welche nur der Befeuchtung bedürfen, um zu keimen; und der Unterschied derselben von andern nicht mehr keimfähigen Samen sich ebenfalls darin suchen lassen, daß in jenen aber nicht in diesen die organischen, Bewegungen innerhalb der organischen Moleküle noch fortbestehen. Nun kann man es vielleicht für den ersten Anblick schwer denkbar finden, daß solche Bewegungen so lange Zeit fortbestehen sollten; aber warum schwerer in dieser Form als in der Form von Wärmeschwingungen, welche in Körpern, die nicht absolut kalt sind, nie aufhören.

Endlich wird man hierher auch den Fall ziehen können, daß gefrorene Infusorien und selbst Frösche nach vorsichtigem Wiederauftauen zu neuem Leben erwachen können, wie wenigstens neuerdings wieder entschieden behauptet wird, indes bei den meisten Organismen das Erfrieren dauernden Tod bedingt. So wenig nämlich durch Entfernen des zwischen den organischen Molekülen interponierten Wassers die organischen Bewegungen innerhalb dieser Moleküle notwendig die Form in die der unorganischen Wärmeschwingungen ändern, braucht dies durch, eine Temperaturerniedrigung zu geschehen, bei der das interponierte Wasser gefriert und dadurch das Ganze des Organismus zum Erstarren, bringt; es könnte sich vielmehr damit bloß die Amplitude der organischen wie unorganischen Bewegungen mindern, und nach Wiederauftauen das alte Lebensspiel beginnen. Indes ist der Übergang organischer in unorganische Zustände überhaupt so leicht, daß unter den meisten Bedingungen, unter welchen das Gefrieren erfolgt, auch dieser Übergang erfolgen kann, wonach dann kein Wiedererwachen möglich ist.

Natürlich sind das nur hypothetische Vorstellungsweisen, an deren Möglichkeit es mir aber doch nützlich scheint zu erinnern, weil man geneigt ist, den Phänomenen der Wiederbelebung ausgetrockneter und gefrorener Organismen eine fundamentale Wichtigkeit bei Aufsuchung des Grundes der Lebenserscheinungen beizulegen, die sie in der Tat haben würden, wenn die molekularen Zustände, um die sich's dabei handelt, vielmehr Sache der Beobachtung als der Hypothese wäre.

Die Bewegungen von Flüssigkeiten in den Organismen können allerdings zum Teil recht wohl nach dem Prinzip der Diffusion

(Endosmose, Exosmose) und Anziehungsbewegung zwischen den Teilchen chemisch differenter Flüssigkeiten, wie solche auch zwischen unorganischen Massen statt finden, erklärt werden; kämen aber solche Bewegungen bloß nach diesem Prinzip zu Stande, so müßte auch als Enderfolg danach eine Ausgleichung in dem (s. Abschn. 1) angegebenen Sinne erwartet werden, welche nicht eintritt, so lange das Leben fortbesteht; wogegen es sehr wohl denkbar ist, daß in Systemen, worin die Teilchen ihre gegenseitige Lage nicht bloß in einem Sinne tauschen können, eine solche Ausgleichung nicht zu Stande kommt. Außerdem hängen die Bewegungen von Flüssigkeiten in organischen Kanälen im Allgemeinen von rhythmischen Muskelkontraktionen ab, welche von spontaner organischer Nerventätigkeit ausgelöst werden.

Daß manche chemische Produkte organischer Tätigkeit auch außer den Organismen in Laboratorien erzeugt werden können, ist zuzugestehen; und man kann nicht voraussagen, was in dieser Beziehung überhaupt noch wird möglich werden können; jedenfalls muß man das Spiel der chemischen Verwandtschaften durch den Lebensprozeß als abgeändert ansehen; und es läßt sich wenigstens im Allgemeinen als möglich denken, daß der eigentümliche Bewegungsprozeß in den organischen Molekülen hierauf Einfluß hat; und dies wird dadurch bestätigt, daß, sowie die Lebenserscheinungen, die wir Anlaß haben von der organischen Bewegung in unserm Sinne abhängig zu machen, aufhören, alsbald eine durch die eintretende Fäulnis sich kundgebende Zersetzung erfolgt.

Das Alles zusammennehmend, kann ich die aufgestellte Ansicht von der organischen Grundkonstitution kaum bloß für eine Hypothese gelten lassen, halte sie vielmehr durch die Unmöglichkeit, die Lebenserscheinungen der Organismen anders als auf ihrem Grunde zu erklären, wesentlich gefordert. Dazu kommt noch, daß sie uns einen Angriffspunkt bieten wird, die erste Entstehung der Organismen in einer Urzeit der Erde denkbar erscheinen zu lassen, ohne unsere Zuflucht zur generatio aequivoca nehmen zu müssen.

Man hat zwar wohl gemeint, in einer besonders verwickelten Zusammensetzung und einem dadurch bedingten festweichen Aggregatzustande den Grund der eigentümlichen Lebensphänomene in den Organismen zu finden; und in der Tat kann die Verschiedenheit der organischen Konstitution von der unorganischen durch eine komplexe chemische Zusammensetzung begünstigt sein, ist aber doch nicht notwendig dadurch gegeben; denn ein Ei kann durch Kochen ohne Veränderung seiner komplexen chemischen Konstitution aus dem organischen in unorganischen Zustand übergehen, sofern wir diesen durch den Mangel der Lebenserscheinungen oder Entwickelungsfähigkeit, welche der organische Zustand darbietet, charakterisiert halten. Indessen bleibt dabei zweifelhaft und läßt sich durch Erfahrung nicht entscheiden, ob hierbei bloß der organische Verband oder auch die innere organische Konstitution der Moleküle zerstört wird, indem schon früher (Kap. I) darauf hingewiesen ist, daß auch ein anorganischer Verband organischer Moleküle denkbar ist. Und so bleibt allerdings auch denkbar, eben so, daß eine gewisse chemische Konstitution wesentlich für den organischen Zustand der Moleküle ist, als daß mit einer solchen dieser Zustand wesentlich gegeben ist. Sollte aber dem so sein, was ich ganz dahinstelle, so könnte es doch nur in sofern sein, als nur mit einer solchen und keiner andern chemischen Konstitution der Moleküle Bewegungen ihrer Teilchen von der geschilderten Art verträglich sein würden, und dasselbe gilt von dem festweichen Zustande organischer Massen. Wirklich gibt es festweiche unorganische Zustände genug, in denen von keiner Lebenserscheinung die Rede ist. Das Fundamentale bleibt also der Bewegungszustand, nicht die chemische Konstitution oder der Aggregatzustand.

Unorganische Moleküle können sich selbst bei gleicher chemischer Zusammensetzung noch durch Abweichungen in der Anordnung und Distanz der Teilchen unterscheiden und hiernach durch unorganischen Verband Massen von sehr verschiedenen chemischen und physikalischen Eigenschaften bilden. Nun ist es im Grunde nur ein Umstand mehr, wodurch sich Moleküle unterscheiden können, wenn sich solche auch durch den Bewegungszustand der Teilchen unterscheiden können. Aber nicht nur organische von unorganischen Molekülen, auch organische unter einander werden sich dadurch unterscheiden können, indem gegenüber den verhältnismäßig einfachen, wenig Variation gestattenden Schwingungszuständen der Teilchen in den unorganischen Molekülen, welche sich auf nur mehr oder weniger gestörte geradlinige und elliptische reduzieren mögen, die mannigfachsten Arten verwickelter Bewegung in den organischen Molekülen denkbar sind; und es scheint sogar für den ersten Anblick, daß sich die Entwickelung verschiedenartiger Geschöpfe aus Keimen, die allem Anschein nach chemisch gleichgeartet und von gleichgearteter Eiweißsubstanz umgeben sind, unter denselben äußeren Temperaturbedingungen gar nicht andere als mit Rücksicht auf solche Verschiedenheiten erklären läßt, wogegen man zur Erklärung nur anzunehmen braucht, daß in jedem Ei, aus dem sich ein anderes Geschöpf zu entwickeln vermag, ein Molekül oder eine Verbindung von Molekülen mit charakteristisch verschiedenen inneren Bewegungszuständen den Kernkeim bildet; auch ist nicht unmöglich, daß etwas der Art statt findet. Für wahrscheinlicher jedoch halte ich, daß die schon oben berührte, alsbald weiter zu besprechende Tendenz, zu stabilen Bewegungszuständen alle organischen Moleküle von gleicher chemischer Zusammensetzung auf einen ähnlichen, nur durch äußere Einwirkungen störbaren, Zustand innerer Kreislaufsbewegungen zurückführt, und jene verschiedene Entwickelbarkeit scheinbar gleichgearteter Keime vielmehr auf einer verschiedenen Verbandweise der organischen Moleküle, sofern solche nach entsprechenden Richtungen in verschiedenem Grade verschmolzen sein können, oder darauf beruht, daß die organischen Moleküle mit unorganischen in verschiedener Weise kombiniert sind; wobei die Unmöglichkeit, innere Unterschiede der Art, auch selbst mikroskopisch, wahrzunehmen, an der Kleinheit oder gleichförmigen Durchsichtigkeit der zu unterscheidenden Teile hängen kann. Notwendig nämlich werden mit Verschiedenheiten der einen oder andern Art verschiedene Ernährungs- und Teilungsverhältnisse der Moleküle zusammenhängen, aus denen eine verschiedene Entwicklung der Keime resultieren muss. In der Tat brauchen wir nur die Fortentwicklungsweise eines geborenen Geschöpfes von seiner Geburt an rückwärts bis zur ersten Keimanlage zu verfolgen, so kommen wir auf derartige Vorstellungen, die jedenfalls vor der bisher gehegten, daß die Keime ihre verschiedene Entwickelbarkeit einer verborgenen Verschiedenheit chemischer Konstitution verdanken, den Vorzug verdienen dürften.

Was bei unsrer wie bei jeder andern Ansicht über die Entwicklungsweise der Organismen zu erklären übrig bleibt, ist die Tatsache, daß die Keime, welche das ausgebildete Geschöpf absondert, mittels Durchschreitens durch eine Reihe von Metamorphosen die organische Form und Einrichtung des Mutterkörpers, wenn auch mit größeren oder geringeren Abänderungen, zu reproduzieren vermögen. Gestehen wir, daß wir den mechanischen Hergang dabei nicht verfolgen können, wohl aber gibt es ein sehr allgemeines Prinzip, welches ein sehr allgemeines Licht nicht nur auf das Zustandekommen dieses Erfolges, sondern auch die Entwicklungsweise des ganzen organischen Reiches ja der ganzen Welt wirft, ein Prinzip, was ich nach der Weise, wie es hier aufgestellt werden wird, bis zu gewissen Grenzen als apriorisches, darüber hinaus als empirisches, insofern aber die Empirie einen strengen und allgemeinen Beweis nicht zu liefern vermag, als ein zur allgemeinen Verknüpfung der Tatsachen des uns beschäftigenden Gebietes wohl geeignetes hypothetisches bezeichne, indes es seiner Natur nach einer allgemeinen mathematischen Begründung und Ausführung zugänglich sein dürfte und eine solche unstreitig noch finden wird. Kurz nenne ich es das Prinzip der Tendenz zur Stabilität. Hiervon im folgenden Abschnitte.

Zusatz.

Im 25. Kap. meiner Atomenlehre (2. Ausg.) habe ich zu zeigen gesucht, wie man durch eine gewisse Verallgemeinerung zur Annahme von multipeln Kräften (d.i. welche solidarisch durch Wechselwirkung von mehr als zwei Teilchen bestimmt sind) gelangen kann, die mit Änderung der Ordnungszahl der Kraft (je nachdem man die Wirkung zweier, dreier, vierer u. s. w. Teilchen auf einander in Betracht zieht) das Vorzeichen wechseln und um so rascher mit der Entfernung abnehmen, je höher die Ordnungszahl ist, so daß je nach Änderung der Entfernung der Teilchen von einander bald anziehende, bald abstoßende multiple Kräfte das Übergewicht gewinnen, bei meßbaren Entfernungen aber die Gravitation, der Ordnung nach die niederste, d. i. binäre, allein als anziehende Kraft merklich bleibt. Auch die ternäre Kraft ist nach dem allgemeinen Prinzip dieser Kräfte noch anziehend und steht bei gleichen Abständen aller drei Teilchen im umgekehrten Verhältnis der 6. Potenz derselben, die quaternäre und quinäre aber sind abstoßend u. s. f. Bleibt nun auch das Prinzip dieser Kräfte bis jetzt noch hypothetisch, so ist doch die Möglichkeit desselben schon seitens exakter Forscher gelegentlich anerkannt, indes eine exakte Bewährung und Verwertung desselben bis jetzt noch zu großen Schwierigkeilen unterliegt. Jedenfalls kann durch Berufung darauf die Vorstellbarkeit der hier in Betracht kommenden Verhältnisse erleichtert werden.

Kurz gesagt kommt das Prinzip dieser Kräfte darauf zurück, daß die multiple Kraft jeder gegebenen Ordnung umgekehrt proportional ist dem Produkte der Abstände sämtlicher zu dieser Ordnung gehörigen Teilchen von einander, d. h. eines jeden von jedem anderen, so aber, daß jeder Abstand doppelt, einmal mit positivem, zweitens mit negativem Vorzeichen, also als negatives Quadrat, in das Produkt eingeht, weil er nach der einen wie entgegengesetzten Richtung genommen werden kann, und daß die Kraft anziehend (in Bezug zum Schwerpunkt der multipeln Kombination) ist, wenn das Vorzeichen des ganzen Produktes negativ ist, abstoßend, wenn es positiv ist, wovon Ersteres bei ungerader, Letzteres bei gerader Zahl der negativen Abstandsquadrate, die das Produkt bilden, der Fall ist. Bei der binären Kraft der Gravitation reduziert sich das Produkt bloß auf ein negatives Abstandsquadrat bei der ternären setzt es sich aus 3 solchen zusammen, bei der quaternären Kraft gehen 6, bei der quinären 10 negative Quadrate in das Produkt ein; also sind die binäre und ternäre Kraft anziehend, die quaternäre und quinäre abstoßend u. s. f.

Läßt man das Vorhandensein dieser Kräfte zu, so wird man sich folgende Vorstellung machen können. Im ersten sehr ausgedehnten Zustande der Erde waren die Teilchen derselben noch so weit entfernt, daß bloß die binäre Kraft der Gravitation zwischen ihnen merklich war, unter dem Einfluß derselben aber, nach den im 5. Abschnitt anzustellenden Betrachtungen, schon Bewegungen entstanden, welche unserem Begriffe organischer Bewegungen entsprechen; daher ich diesen Zustand kosmorganisch nenne. Allmälig aber zog sich die Masse so weit zusammen, daß zwischen den dadurch genäherten Teilchen die ternäre Molekularkraft über die binäre Gravitation überwiegend wurde: und unter dem Haupteinflusse dieser ternären Kraft stehen unsere organischen Zustände, welche ich zu näherer Unterscheidung von den kosmorganischen molekularorganische nenne. Die unorganischen Zustände beruhen in der Hauptsache auf Wärmeoszillationen der Teilchen um Gleichgewichtslagen in solchen Entfernungen von einander, in welchen die ternäre anziehende Kraft in die quaternäre abstoßende übergeht. In zusammengesetzten Molekülen können für die Elementarkombinationen höherer Ordnung auch wohl Kräfte höherer Ordnung ins Spiel kommen.

Unter Voraussetzung der Richtigkeit dieser Auffassung müssen unorganische Moleküle bei gleicher chemischer Zusammensetzung dichter sein als organische, woraus aber nicht folgt, daß ein ganzer Organismus durch den Tod, hiermit Übergang in unorganischen Zustand, sich verdichten müsse, da die Bestandteile vielmehr durch Fäulnis oder Erhitzung sich trennen. Wenn dies nicht sofort mit dem Tode geschieht, so kann dies teils davon abhängig gemacht werden, daß die organische Konstitution nicht plötzlich in die unorganische übergeht – dauert doch die Reizbarkeit der Muskeln noch eine Zeitlang nach dem Tode fort –, teils daß die Organismen von einem mehr oder weniger unorganischen Gerüste aus Häuten, Sehnen, Knochen u. s. w. durchzogen sind, welche ihre Verhältnisse im Tode bewahren.

Ich habe die Hypothese der multipeln Kräfte in voriger Auffassung hier zusatzweise angeführt, weil sie sich den in dieser Schrift zu entwickelnden Ideen gut zu fügen und für die Vorstellung der dabei ins Spiel kommenden Kraftverhältnisse einen Anhalt zu bieten scheint; bin jedoch weit entfernt, hier Gewicht darauf zu legen, weil es doch bis jetzt nur eine, nicht erweisliche, wenn auch sonst manche Vorteile darbietende, Hypothese bleibt und über die Natur der molekularen Kräfte überhaupt verschiedene Ansichten möglich und schon aufgestellt sind. Auch ist bei der Allgemeinheit, in der sich die Betrachtungen dieser Schrift halten, nicht nötig, Gewicht auf eine spezielle Hypothese darüber zu legen: wenn nur überhaupt zugestanden wird, daß unter dem Einflusse der molekularen Kräfte nicht minder als unter dem Einflusse der Gravitation kontinuierliche Bewegungen mit Ordnungsänderung der Teilchen zu Stande kommen können; wogegen ich kein prinzipielles Hindernis finde.

III. Prinzip der Tendenz zur Stabilität[6].

Der Kürze halber nenne ich in regelmäßiger Periode, d. i. aufeinanderfolgenden gleichen Zeitabschnitten, wiederkehrende Lagen- und Bewegungsverhältnisse der Teilchen eines materiellen Systems oder der Schwerpunkte ganzer Massen (wofür kurz Massen), die man zu einem größeren System vereinigt denken kann, stabile Verhältnisse, worunter der Ruhezustand der Teilchen oder Massen bezüglich einander nur als der Grenzfall inbegriffen ist, wo dieselben Verhältnisse immerfort bestehen, ein Grenzfall, den wir als absolute Stabilität bezeichnen, indes eine Zerstreuung der Teilchen oder Massen ins Unendliche in divergenten Richtungen den andern Grenzfall, den der absoluten Instabilität bildet.

Nicht mehr als absolute, aber doch noch als volle Stabilität werden wir den Fall bezeichnen, wo zwar Bewegungen stattfinden, diese aber in genau gleichen Zeitabschnitten immer zu denselben Verhältnissen der Teilchen oder Massen, nicht nur nach ihrer Lage, sondern auch Geschwindigkeit, Richtung und Änderung der Geschwindigkeit und Richtung, bezüglich einander zurückführen. Nach Maßgabe der größeren oder geringeren Annäherung an die absolute Stabilität aber werden sich noch Grade der vollen Stabilität unterscheiden lassen. Diese Annäherung wird nämlich um so größer sein, je langsamer die Änderung der Lage der Teilchen oder Massen gegen einander ist und in je kleinern Grenzen sie sich hält, indem man mit Beidem oder auch nur Einem von Beidem bloß bis zur Grenze zu gehen braucht, um die absolute Stabilität zu haben.

---

[6] Für gewisse sehr allgemeine Voraussetzungen hat schon Zöllner mittels sinnreicher Betrachtungen ein Prinzip abgeleitet, was wesentlich in das oben aufgestellte hineintritt und zwar nicht dessen volle Allgemeinheit teilt, daher auch nicht gleich weite Aussichten eröffnet, aber dafür einer schärfern Fassung, Begründung und selbst mathematischen Formulierung genießt, in welchen Beziehungen ich gern seine Priorität wie seinen Vorteil anerkenne. Hauptsächlich hat Zöllner sein Prinzip zur Erklärung der Periodizität der Sonnenflecken aufgestellt und angewandt, aber auch auf die viel weitergehende Tragweite desselben nach andern Beziehungen hingewiesen. Vergl. darüber seine Abhandlungen in den Berichten der math.-phys. Cl. der sächs. Soc. d. Wiss. 1870 338, 1871 100 und eine kurze Notiz darüber in seiner Schrift über die Natur der Kometen 371.

Zur absoluten und vollen Stabilität tritt als dritter Fall der Fall einer größeren oder geringeren Annäherung an die volle Stabilität, kurz approximative Stabilität, hinzu. Es kann nämlich sein, daß die Teilchen oder Massen eines Systems nie wieder genau, aber doch annähernd, in gleichen Zeitabschnitten zu den früheren Verhältnissen bezüglich einander zurückkehren, wovon wir ein Beispiel an den Hauptmassen unseres Planetensystems haben, worauf ich unten zurückkomme[7] .

Zur Vereinfachung der Betrachtung stabiler Bewegungsverhältnisse kann jedenfalls die Bemerkung dienen, daß die Periodizitätsverhältnisse zwar in Bezug auf Lagen-, Geschwindigkeits-, Richtungs-Verhältnisse der Teilchen eines Systems besonders in's Auge gefaßt und verfolgt werden können, daß aber in einem isolierten oder unter konstanten Außenverhältnissen befindlichen System jene Verhältnisse so zusammenhängen, daß, wenn die Lagen der Teilchen oder Massen bezüglich einander ganz oder annäherungsweise wiederkehren, auch dieselben Geschwindigkeits- und Richtungsverhältnisse ganz oder annäherungsweise wiederkehren. In Beziehung auf die Geschwindigkeitsverhältnisse ist dies eine direkte Folgerung des Prinzips der Erhaltung der lebendigen Kraft; was die Richtungsverhältnisse anlangt, so wird man unstreitig einen Zusammenhang ihrer Wiederkehr mit den andern Verhältnissen voraussetzen können, obwohl mir nicht erinnerlich ist, daß ein direkter allgemeiner Beweis dafür geführt ist.

Mit Rücksicht auf diese Vorbestimmungen denken wir uns eine beliebige Anzahl materieller Teilchen durch Kräfte irgendwelcher Art auf Bewegungen innerhalb eines begrenzten Raumes beschränkt, und das System äußeren Einflüssen entzögen oder unter konstanten äußeren Einwirkungen befindlich, außerdem ungestört durch Eingriffe geistiger Freiheit, oder solche überhaupt nicht möglich; so werden unter Voraussetzung beliebiger Anfangslagen, Geschwindigkeiten, Richtungen der Teilchen des Systems alle folgen-

---

[7] Es würde erwünscht, ja wichtig sein, für den Approximationsgrad eines Bewegungszustandes an volle Stabilität ein bestimmtes Maß angeben zu können; für die allgemeinen Betrachtungen aber, auf die wir uns hier beschränken werden, reicht es hin, nur überhaupt anzuerkennen, daß größere oder geringere Annäherungen in dieser Beziehung stattfinden können.

den Zustände desselben von diesen Anfangsbedingungen bestimmt sein. Gibt es nun unter diesen Bedingungen solche, die, wenn sie von vornherein da sind oder im Laufe der Bewegung eingetreten sind, eine Wiederkehr derselben Zustände nach einer gegebenen Zeit zur Folge haben, so werden die anfangs irgendwie in Form und Geschwindigkeit sich ändernd gedachten Bewegungen und damit Lagen der Teilchen, wenn sie nicht die Bedingung der periodischen Wiederkehr unmittelbar mitführen, ihre Änderungen so lange fortsetzen, bis unter allen möglichen Zuständen, die solchergestalt durchlaufen werden können, eben die eingetreten sind, welche die Bedingung der Wiederkehr einschließen, das System bis dahin so zu sagen keine Ruhe haben. Ist aber die Wiederkehr einmal nach einer gegebenen Zeit erfolgt, so muß sie immer von Neuem nach derselben Zeit eintreten, weil ja eben dieselben Bedingungen wieder dazu da sind. Und da diese Bedingungen maßgebend für den ganzen Verlauf der Bewegung von einer bis zur nächsten Wiederkehr sind, so muß auch der ganze Bewegungsverlauf sich wiederholen, d. h. in jeder gleichen Phase der Periode sich ein gleicher Bewegungszustand vorfinden. Hiermit aber ist volle Stabilität des Systems eingetreten, wonach eine Änderung, ein Verlassen der einmal erreichten Stabilität selbstverständlich nur noch vermöge Änderungen der äußern Einwirkungen eintreten kann, unter deren voraussetzlicher Konstanz die Stabilität zu Stande kam.

Dieses Prinzip scheint zunächst ein rein aprioristisches zu sein; doch darf man die dabei gemachte Voraussetzung nicht übersehen, daß unter den Bedingungen der Bewegung überhaupt solche sind, welche zu ihrer eigenen Wiederkehr zurückführen, was nichts weniger als selbstverständlich ist, indes allerdings selbstverständlich bleibt, daß ein System so lange fortfahren muß, sich zu ändern, und nur so lange fortfahren kann, sich zu ändern, bis die Bedingungen der vollen Stabilität erreicht sind, falls sie überhaupt erreichbar ist, und daß eine einmal erreichte volle Stabilität durch die eigene Wirkung des Systems nicht wieder rückgängig gemacht werden kann[8] .

---

[8] Vielleicht könnte man den vollen Apriorismus des Prinzips dadurch zu retten versuchen, daß man sagte: unter allen denkbaren Bewegungsweisen der Teilchen eines Systems finden sich natürlicherweise auch solche, wodurch die Teilchen in frühere Verhältnisse zurückgeführt werden, und da die Bewegungsweise der Teilchen sich ins Unbestimmte fort ändern muß, so lange keine solche Bewe-

Es fragt sich nun, wiefern Rechnung und Erfahrung die Aufstellung eines allgemeineren Prinzips in dieser Hinsicht gestatten.

Bei einem, äußeren Einflüssen entzogenen System aus bloß zwei Teilchen oder Massen, welche durch gegenseitige Anziehung und Nachwirkung eines ursprünglichen ablenkenden Impulses zur Bewegung bezüglich einander bestimmt werden, lehrt die Rechnung unter Ausschluß ins Unendliche gehender Bewegungen, daß der Eintritt voller Stabilität und zwar sofortiger Eintritt ein notwendiger ist; auch für oszillierende Pendel und Saiten läßt sich aus der Natur der sie bewegenden Kräfte berechnen, daß sie bei Wegfall äußerer Widerstände in einem völlig stablen Bewegungszustande verharren würden, indes sie bei Vorhandensein von solchen einem absolut stablen durch einen approximativ stablen hindurch zuschreiten. Das Vermögen der Rechnung geht bisher nicht über solche verhältnismäßig einfache Fälle hinaus; nicht einmal das Problem der drei Körper, geschweige mehrerer Körper, welche unter dem Einflusse ihrer gegenseitigen Anziehung stehen, ist bis jetzt einer allgemeinen Lösung zugänglich, und auf die Berechnung des Erfolges der organischen Molekularkräfte hat die Rechnung überhaupt bisher noch keinen Angriff gefunden.

Ziehen wir aber die Erfahrung zu, so läßt sich nach allgemeinsten Tatsachen derselben allerdings behaupten, daß bei einem sich selbst überlassenen oder unter konstanten Außenbedingungen befindlichen System im Ausgange von beliebigen Zuständen, wenn nicht die volle Stabilität, aber eine größere oder geringere Approximation daran als Endzustand eintritt, von dem an kein Rückschritt der Stabilität durch die Inneren Wirkungen des Systems selbst stattfindet; indem nach Maßgabe als veränderliche äußere Einwirkungen zurücktreten, sich die Tendenz zu approximativ stabeln Zuständen oder die wirkliche Erreichung solcher überall geltend macht, so daß der Hypothese, welche die Unmöglichkeit ganz scharfer Feststel-

---

gungsweise eingetreten ist, so muß eine solche endlich eintreten, da sie unter den unbestimmbar möglichen Bewegungsweisen Platz hat, also irgend einmal getroffen werden muß. Aber es können recht wohl Bewegungsweisen ins Unbestimmte fort sich ändernd gedacht werden, so daß doch gewisse Bewegungsweisen immer dabei ausgeschlossen bleiben; und fragt sich also noch, ob der Eintritt von solchen auch mit der Natur der Kräfte, wovon die Bewegung abhängt, verträglich ist.

lungen in dieser Hinsicht zu ergänzen hat, wenig genug überlassen bleibt, um die Aufstellung folgenden Gesetzes oder Prinzips zu gestatten:

In jedem sich selbst überlassenen oder unter konstanten Außenbedingungen befindlichen System materieller Teile, und mithin auch im materiellen Weltsystem, sofern wir es als ein abgeschlossenes betrachten, findet bei Ausschluß ins Unendliche gehender Bewegungen eine kontinuierliche Fortschreitung von instablern zu stablern Zuständen bis zu einem voll oder approximativ stabeln Endzustande statt.

Die Bewegungen der Massenteilchen unseres Planetensystems mögen in dem Urzustande desselben höchst unregelmäßig gewesen sein. Jetzt haben sie sich in der Hauptsache zu den regelmäßig wiederkehrenden Planetenbewegungen ausgeglichen. Doch können vermöge bestehender Incommensurabilitätsverhältnisse der Umlaufszeiten der Planeten niemals alle zugleich wieder in dieselben relativen Stellungen zu einander gelangen und kehren daher auch niemals genau dieselben Störungsverhältnisse und mithin Bewegungsverhältnisse in der Bahn jedes Planeten insbesondere wieder. Aber eine periodische Wiederkehr angenähert derselben Stellungen je zweier, dreier und selbst aller Planeten zu einander und damit angenäherte Wiederkehr derselben Störungen jeder einzelnen Bahn in kleineren und größeren Perioden, worein man die ganze Bewegung zerlegen kann, findet doch statt, und nachdem dieser Zustand angenäherter Stabilität erreicht ist, findet kein Rückschritt darin statt, mindestens glaubt jeder Astronom an eine Stabilität der Verhältnisse des Planetensystems in diesem Sinne, insofern die Rechnungen, so weit sie sich bisher treiben ließen, keinen Grund enthalten, daran zu zweifeln[9] .

Sollte nun freilich unser so gut als isoliertes Planetensystem plötzlich in die Nähe eines andern versetzt werden, in welchem die Sta-

---

[9] Man kann bemerken, daß, während die Incommensurabilität der Umlaufszeiten der Planeten eine Abweichung von der vollen Stabilität des Planetensystems in unserm Sinne bedingt, sie doch zugleich die Bedingung der forterhaltenen Approximation daran ist, weil im Falle der Commensurabilität der Umlaufszeiten sich bei den wiederholten Umläufen die Störungen in derselben Richtung summieren würden, statt sich mit kleinen Schwankungen zu kompensieren.

bilität in gleicher Annäherung erreicht war, so würde die Stabilität in beiden sich durch ihre gegenseitigen Störungen eben so plötzlich mindern; indem nun aber durch die eingetretene Wechselwirkung der Massen beider Systeme aus beiden Systemen eins geworden ist, würde sofort in diesem Systeme ein neuer Fortschritt im Sinne wachsender Stabilität bis zu einem neuen Grenzzustande approximativer Stabilität eintreten.

Nicht bloß die Massen der Planeten bezüglich zu einander, sondern auch die Teilchen der Masse eines jeden in sich sind von, Anfangs unstreitig sehr unregelmäßigen, Bewegungen in der Hauptsache zur Stabilität übergegangen, indem alle Planetenmassen um ihre Achse mit periodisch veränderlicher, hiermit dem Begriffe der Stabilität entsprechender Neigung der Achse gegen ihre Bahnebene rotieren; und wenn unter dem nach Tages- und Jahreszeiten wechselnden Einflusse der Sonne noch sehr instable meteorologische Zustände auf der Erde stattfinden, so würden diese nicht nur bei Wegfall jener wechselnden äußeren Einflüsse bald zur Ruhe kommen, und alle Teile der Oberfläche der Erde sich gleichförmig an der Rotation der Erde beteiligen; sondern es greifen auch durch die Bewegungen, welche wir auf der Erde als Teil des Systems von Erde, Sonne und Mond beobachten, große Perioden von angenäherter Stabilität in Ebbe und Flut, Kreislauf der Gewässer, periodischen Winden, periodischen Änderungen der Temperatur, des Luftdrucks u. s. w. durch, ohne daß wir im Ganzen einen Rückschritt in dieser Approximation bemerken.

Die Organismen sind so zu sagen ganz auf Periodizität ihrer Funktionen, hiermit auf stable Verhältnisse ihres Lebens angelegt. Dabei sehen wir allerdings in Betracht des Stoffwechsels, welchem die Organismen unterliegen, daß es nicht immer dieselben, sondern nur gleichgeltende Teilchen sind, welche periodisch in dieselben Lagen zurückkehren; es hindert aber auch nichts, den Begriff der Stabilität so zu verallgemeinern, daß dieser Fall darunter tritt.

Aus allgemeinem Gesichtspunkte läßt sich glauben, wenn auch bisher nicht streng beweisen, daß die Neigung jedes sich selbst überlassenen materiellen Systems zu einer regelmäßigen inneren Gruppierung der Teilchen und regelmäßigen äußeren Gestalt mit dem Prinzip der Tendenz zur Stabilität zusammenhängt.

Selbst das geistige Gebiet erscheint diesem Prinzip unterworfen. Denn man findet, daß, nach Maßgabe als ein Mensch sich dem veränderlichen Einflusse äußerer Umstände mehr entzieht, sein ganzes Vorstellungs-, Empfindungs-, Gemütsleben sich in immer regelmäßigere Kreisläufe ordnet oder kurz gesagt immer stabler wird; ein Tag wird für ihn bald wie der andere; was man mit der wachsenden Stabilität der materiellen Prozesse, welche dem geistigen Leben unterliegen, in Beziehung denken kann.

Insofern jedes beschränkte System in der Welt als Teil eines größeren Systems schließlich der ganzen Welt gefasst werden kann, werden auch die inneren Stabilitätsverhältnisse eines jeden außer durch die Wirkung der eigenen Teile durch die Außenbedingungen im Sinne der Tendenz des Ganzen zur Stabilität mit bestimmt, und wo die Wirkung der Außenbedingungen nicht verschwindend ist, kann also das Prinzip der Tendenz zur Stabilität nur mit Rücksicht auf diese Mitbestimmung geltend gemacht werden.

Eine besondere Beachtung verdienen hierbei die beiden Fälle, daß ein System, was für sich genommen in einem stabeln Zustande seiner Teile sein würde, diese Bewegung in einem Mittel ausführt, welches ohne die Bewegung des Systems relativ in sich ruhen würde, und daß es sie unter dem Einflusse des stablen Bewegungszustandes eines andern Systems ausführt. Ein Beispiel des ersten Falles haben wir an einer an zwei festen Punkten befestigten Saite, welche in einer ruhigen Luft schwingt. Zwar können wir die Teilchen der sog. ruhigen Luft wegen ihrer Wärmeschwingungen nicht als absolut, aber doch im Verhältnis zu den Exkursionen der Teile der Saite als ruhend ansehen. Ohne den Widerstand der Luft würde die Schwingung der Saite eine ganz stable gewesen sein; unter dem Einflusse des Widerstandes der Luft, mit welcher sie ein System bildet, geht aber ihre volle Stabilität in eine angenäherte über, indem in auf einander folgenden gleichen Zeitabschnitten nicht mehr genau dieselben Lagen und Geschwindigkeiten wiederkehren, hiermit aber die Saite der absoluten Stabilität sowohl für sich als mit Beziehung zur Luft immer mehr zuschreitet, indem sich die Amplituden der Schwingungen immer mehr bis zur Erreichung des Ruhezustandes verkleinern.

Was den zweiten Fall anlangt, so ist darin, daß zwei Systeme für sich genommen in stablem Bewegungszustande begriffen sein würden, noch nicht eingeschlossen, daß auch das System beider in solchem begriffen ist, wozu vor Allem gehören würde, daß die Perioden beider, welche Teilchen derselben man auch nehmen mag, in commensurabeln Verhältnissen zu einander stehen.

Im Allgemeinen nun weiß man nach dem erfahrungsmäßigen Erfolge, welchen der Huyghens'sche Versuch mit den zwei auf demselben Brette befestigten Uhren bei etwas verschieden langen Pendeln dargeboten hat, so wie den Rechnungserfolgen bezüglich der Mitteilung von Schwingungen an resonierende Körper, daß hierbei wirklich auch die Tendenz zur Herbeiführung stabler Bewegungsverhältnisse zwischen den in Wirkung tretenden Systemen sich geltend macht, ohne daß freilich der Fall schon in voller Allgemeinheit hat behandelt werden können.

Kann man nun hiernach nicht sagen, daß die Stabilitätsverhältnisse, die jedem von zwei Systemen für sich zukommen würden, auch bei Wechselwirkung beider bestehen bleiben, so doch, daß, wenn der approximativ stable Endzustand des Systems beider Systeme eingetreten ist, auch jedes beider Systeme für sich betrachtet wieder zu einem approximativ stabeln Zustande zurückgekehrt ist, weil ja in dem approximativ stabeln Zustande des Ganzen der eines jeden Teiles von selbst inbegriffen ist; nur daß dieser Zustand ein anderer als früher und die Approximation an volle Stabilität möglicherweise größer oder geringer als früher sein kann.

Wir können die mechanischen Bedingungen, Kräfte, Gesetze, nach denen Bewegungen, die im Zusammenhange eines Systems erfolgen, sich allmälig immer mehr zu einer Wiederkehr derselben Verhältnisse in größeren oder geringeren Perioden abgleichen, kurz nach denen sich die Tendenz zur Stabilität vollzieht, nicht in voller Allgemeinheit, ja überhaupt nicht über nahe liegende Grenzen hinaus verfolgen; aber es ist schon wichtig, überhaupt zu wissen, daß überall eine, von gesetzlicher Wirkung der Kräfte abhängige, Tendenz in diesem Sinne besteht, welche zu einem, durch innere Kräfte nicht wieder rückgängig zu machenden, Endzustande mehr oder weniger angenäherter Stabilität führt; und so wie wir im Prinzip der Erhaltung der Kraft oft das Mittel finden, Schlüsse auf das Zustandekommen von Erfolgen zu ergänzen, wozu die Vollständigkeit der spezialen Unterlagen fehlt, können wir auch dem Prinzip der Tendenz zur Stabilität die gleiche Eigenschaft beilegen und um so größere Erfolge von seiner Kombination mit dem Prinzip der Erhaltung der Kraft hoffen.

So liegt es schon im Sinne solcher Kombination, daß kein unbeschränkter Fortschritt der Welt zur absoluten Stabilität, welche in voller Ruhe der Teilchen besteht, stattfinden kann; vielmehr wird der Annäherung daran durch das Prinzip der Erhaltung der Kraft eine Grenze gesetzt. Ja es kann überhaupt durch die Tendenz zur Stabilität die lebendige Kraft in der Welt im Ganzen nicht ihrer Größe, sondern nur der Form, in der sie sich äußert, nach geändert werden.

Nachdem nun das Prinzip der Erhaltung der Kraft schon so schöne Entwicklungen erfahren und so reiche Früchte getragen hat, halte ich es bei der Wichtigkeit, die ich dem Prinzip der Tendenz zur Stabilität gleichsam als qualitativer Ergänzung zu jenem, auf quantitative Verhältnisse bezüglichen Prinzip glaube beilegen zu dürfen, auch für eine wichtige Aufgabe der Zukunft, dies Prinzip, so wie die Prinzipien des Zusammengehörens beider Prinzipe, nicht minder zu bearbeiten und auszubeuten; nur würde dazu mehr mathematische Kenntnis und Fähigkeit gehören, als ich besitze. Auch dürfte eine allgemeinere Behandlung desselben durch die nötige Mitberücksichtigung des Stoffwechsels in der Anwendung auf Organismen nur zu sehr erschwert sein.

Wie dem auch sei, sollte die allgemeinere Behandlung des Prinzips für jetzt noch zu großer Schwierigkeit unterliegen, so dürften sich doch besondere Fälle von Interesse derselben nicht entziehen.

Die Wichtigkeit des Prinzips wird übrigens in um so hellerem Lichte und um so größer erscheinen, wenn zur physikalischen und physiologischen Verwertung desselben, um die es sich hier und im nächsten Abschnitte handelt, die teleologische und psychophysische Verwertung desselben, wovon im 11. Abschnitte, treten wird.

IV. Anwendungen des vorigen Prinzips auf die organischen Verhältnisse.

Bei allen Verschiedenheiten, welche die Bewegung der Teilchen in organischen und in unorganischen Molekülen annehmen kann, besteht für unorganische Moleküle eine fundamental größere Annäherung an die absolute Stabilität insofern, als die Ordnung der Teilchen durch die inneren Kräfte fest erhalten bleibt, indes sie in den organischen Molekülen dadurch verrückt wird, sei es auch, daß sie bei voller Stabilität sich periodisch wiederherstellt. Außerdem schließt die Stabilität der Ordnung auch von selbst günstigere Bedingungen für die Stabilität der Ortsveränderungen ein, als die Veränderlichkeit der Ordnung. Diese Vorteile der Stabilität, welche unorganische Moleküle vor organischen voraus haben, tragen sich natürlich nur vervielfacht und gesteigert auf unorganische Systeme in Verhältnis zu organischen Systemen über.

Hiernach geht auch allgemein gesprochen die Tendenz zur Stabilität vielmehr dahin, organische Zustände in unorganische zu verwandeln, als umgekehrt. Denke man sich einen Organismus sich selbst überlassen, der Luft zum Atmen, des Tranks, der Nahrung beraubt, so wird nicht nur sein ganzer organischer Verband, sondern auch die organische Konstitution seiner Moleküle in kürzester Zeit schwinden, und er vermöge der Tendenz zu stablern Zuständen in unorganischen Zustand übergehen, was schließlich auch bei seinem natürlichen Lebensende sicher eintritt; und in derselben Tendenz ist der tiefere Grund zu suchen, weshalb der anorganische Zustand keine Organismen aus sich heraus gebären kann. Es wäre ein Widerspruch gegen das Prinzip. Von anderer Seite aber kann man es doch nicht als eine Folgerung des Prinzips ansehen, daß der Übergang in unorganischen Zustand, der jedem Organismus zuletzt bevorsteht, sofort bei jedem eintreten müsse; denn setzen wir, daß das geschähe, so würde vielmehr mit einem Sprunge das Prinzip ganz verlassen werden, indem die bisher approximativ sich wiederholenden organischen Bewegungen überall plötzlich aufhörten sich zu wiederholen. Das Prinzip verlangt überhaupt nicht als Ziel einen bestimmten Annäherungsgrad an die, nach Abschnitt 3 überhaupt nicht erreichbare, absolute Stabilität des Weltprozesses, sondern nur, daß in der Totalität desselben kein Rückschritt betreffs der Annäherung an die volle Stabilität geschehe, ohne daß sich für jetzt bestimmen läßt, was das wahrscheinlich nur asymptotisch angestrebte Ziel sei, und ohne daß ein Rückschritt im Einzelnen ausgeschlossen ist, welcher einer größeren Annäherung an die volle Stabilität des Ganzen entgegenführt. Nun aber liegt nach der Erfahrung selbst auf dem Wege zum Ziele sowohl die sich periodisch immer erneuernde Ausgeburt neuer Organismen aus den frühern mit neuem Anwachs durch Ernährung, wie das nicht minder sich periodisch immer erneuernde Rückfallen derselben in unorganischen Zustand. Wir müssten weiter in der Beherrschung des Prinzips sein, als wir sind und vielleicht je sein werden, um dies und dergleichen, so wie es vor sich geht, als reine theoretische Folgerungen des Prinzips voraussehen zu können; aber das hindert doch nicht, das und dergleichen im Sinne des Prinzips zu verstehen und sehr allgemeine Gesichtspunkte darauf zu begründen.

Hierher gehört vor Allem, mit Rücksicht auf die im ersten Abschnitte gemachte Unterscheidung zwischen der wesentlichen Konstitution des Organischen und Unorganischen, die schon mehrfach berührte Beseitigung der Ansicht von einer generatio aequivoca der Organismen, an deren Stelle die im 5. Abschnitt auf Grund angemessener kosmogonischer Vorstellungen zu entwickelnde Ansicht treten wird. Jetzt jedenfalls entstehen, so weit sichre Tatsachen reichen, Organismen nur durch Spaltung schon vorgegebener Organismen oder Abspaltung von denselben, und es wird zu zeigen sein, daß auch die erste Entstehung aus einem Urzustande der Erde herzuleiten ist, der vielmehr unter den Begriff des organischen als unorganischen Zustandes tritt. Nun erhalten und vergrößern sich die Organismen im Wege der Ernährung, und hierbei kann für den ersten Anblick ein Widerspruch mit dem Prinzip darin gesucht werden, daß die unorganischen Stoffe, so weit solche zur Ernährung beitragen, den Vorteil ihrer Stabilität vor den organischen durch Eingehen in den organischen Prozess aufgeben. Aber erstens treten die unorganischen Substanzen durch Aufnehmen in den Organismus und Beteiligung an dessen inneren Bewegungen in ein stableres Verhältnis zu dessen Teilchen, als sie außerhalb des Organismus dazu hatten; zweitens werden für die aufgenommenen unorganischen Stoffe solche wieder abgeschieden, welche teils den

Organismus verlassen, teils zum Wachstum desselben selbst beitragen, sofern allen Knochen, festen Schalen, Hornmassen, Häuten ein mehr oder weniger unorganisches Gefüge unterliegt; drittens macht sich das Prinzip der Tendenz zur Stabilität darin geltend, daß sich die Lebensvorgänge des Organismus in bestimmte Perioden und Kreisläufe ordnen oder einen mehr oder weniger bestimmten Rhythmus annehmen. Schlaf und Wachen, Kreislauf des Blutes, peristaltische Bewegungen der Eingeweide, der Rhythmus des Atmens, die mehr oder weniger periodische Nahrungsaufnahme und Geschlechtsverrichtung gehören hierher. Wahrscheinlich ist auch die Teilung der organischen Moleküle oder Zellen, mittels deren das Wachstum sich vollzieht, bis zu gewissen Grenzen im Sinne einer Förderung der Stabilität, sofern die Kerne zweier in organischem Verbande stehenden organischen Moleküle oder Zellen wegen der wenigeren Teilchen, die jedes enthält, leichter für sich in stable Zustände kommen können, als wenn sie samt dem (in früher angegebenem Sinne zu verstehenden) Parenchym in ein einziges Molekül oder eine einzige Zelle unterschiedslos verschmolzen wären; und wenn schon durch die Trennung instable Verhältnisse der getrennten Massen bezüglich einander begünstigt werden, so wird doch bis zu gewissen Grenzen jener Vorteil diesen Nachteil um so leichter überwiegen können, als diejenigen Stabilitätsverhältnisse, welche während der vollen Vereinigung der Massen eingetreten waren, mindestens teilweise den unter Forterhaltung organischen Verbandes auseinanderweichenden verbleiben können.

Endlich ist in Rücksicht zu ziehen, daß das Aufgeben des unorganischen Zustandes in den Organismen dadurch, daß es periodisch mit dem Rückfall derselben in diesen Zustand wechselt, selbst aus sehr allgemeinem Gesichtspunkte unter den Begriff, approximativer Stabilität tritt.

Ist einmal eine Grenze des Wachstums eingetreten, so verharrt der Organismus allgemein gesprochen eine Zeit lang ziemlich gleichförmig in einem approximativ stablen Verhältnisse zugleich in sich und zur Außenwelt; allmälig aber beginnt die unorganische Stabilität mehr und mehr auf Kosten der organischen Platz zu greifen, indem die Teile fester und starrer werden und die Bewegungen sich mehr verlangsamen, bis endlich der ganze Organismus dem unorganischen Zustande wieder verfällt, und hiermit würde das organische Leben überhaupt beendet sein, wenn er nicht während seines Lebens Teile von sich abzuspalten vermöchte, die seinen Lebensprozess wiederholen.

Hat sich nun ein Keim, der in Zusammenhang mit seinem Mutterkörper zu einem approximativ stabeln Endzustande gelangt war, vom Mutterkörper getrennt, so werden vermöge der damit gesetzten Änderung der äußeren Verhältnisse auch die davon mit abhängigen inneren Verhältnisse sich ändern[10] und die Veränderungen so lange fortgehen, bis ein neuer, unter den neuen Außenbedingungen approximativ stabler Endzustand eingetreten ist, was entweder die Zerstörung des Keimes unter rascher Überführung in den stableren unorganischen Zustand oder eine nur langsamer dazu führende Fortentwickelung des Keimes auf dem Wege der Ernährung bedeutet. Ersteres, wenn die zur Erhaltung des organischen Zustandes genügenden Außenbedingungen für den Keim nicht vorhanden sind, Letzteres, wenn sie vorhanden sind. Auf jeder Stufe seiner Entwickelung kann der Keim noch dem unorganischen Zustande als Endzustand anheimfallen und es gehören überall besondere Außenbedingungen dazu, wenn er zu einem, sich eine Zeit lang erhaltenden, organischen weiter fortschreiten soll, ohne daß doch eine Variation dieser Bedingungen innerhalb gewisser Grenzen während der ganzen Entwicklungszeit ausgeschlossen ist; es dürfen nur eben gewisse Grenzen nicht überschritten werden, soll die Entwicklung vielmehr zu einem stabeln organischen als einem unorganischen Endzustande führen. Je nach der Variation der Außenbedingungen innerhalb dieser Grenzen während der Entwicklungszeit des Keimes entwickelt sich dann derselbe auch bei gleicher eigener Anlage zu einem verschiedenen Geschöpfe. Aber die Möglichkeit der Entstehung verschiedener Geschöpfe schränkt sich im Laufe der Entwicklung des ganzen organischen Reiches immer mehr dadurch ein, daß dasselbe Prinzip der Tendenz zu stabeln Zuständen nicht bloß für die Entwicklung der Organismen, sondern, auch der ganzen Außenwelt und des Zusammenhanges beider, überhaupt der ganzen Welt gilt. Wonach sich nicht nur die inneren, sondern auch

---

[10] Dies Verlassen ist kein Widerspruch mit dem Prinzip der Tendenz zur Stabilität, welches einen Verlust an Stabilität nur bei Gleichhalten der äußeren Umstände verwehrt, und bedeutet keinen Verlust für das Weltganze, sondern eben nur einen zeitweisen für den Keim insbesondere.

äußeren Bedingungen der Entwicklung der Organismen immer mehr festigen, in immer bestimmtere Perioden und Kreisläufe gliedern, mithin die Entwicklung der Keime von gleicher Beschaffenheit auch immer mehr in gleiche Bahnen lenken, darin erhalten, für gleiche Entwicklungsphasen derselben gleiche äußere Entwicklungsbedingungen bereit haben, während zugleich auch die Keime sich in sich gelbst im Fortschritte der Generationen immer mehr darauf einrichten, unter diesen immer stabler gewordenen Außenbedingungen die früheren Entwicklungsgänge zu wiederholen, und hiermit die Organismen, aus denen sie entstanden waren, zu wiederholen; woran sich das Prinzip abnehmender Variabilität der Organismen im Laufe der Entwicklung des organischen Reiches, wovon ein späterer Abschnitt handeln wird, knüpfen läßt.

V. Kosmoganische Verhältnisse, Urentstehung der Organismen.

Die heutige Deszendenzlehre hält sich an die Ansicht gebunden, daß sich das organische Reich der Erde in einer Urzeit derselben aus dem unorganischen Reiche herausgebildet habe, und mutet diesem Reiche zu, zufällig noch einmal mindestens ein Moner oder eine einfache Zelle zu produzieren, oder plagt sich damit, es ihm gleich zu tun, indem man die einfachsten Organismen, wenn nicht aus rein unorganischem Stoffe — was man sich doch kaum zutraut, obwohl im Sinne und zur Stütze der Lehre zutrauen müßte — aus solchem, der durch Kochen unorganisch gemacht ist, zu produzieren sucht. Mir scheint das aber ungefähr dasselbe, als wenn man meinte, Fleisch und Nerven hätten sich in einer gewissen Zeit des Fötuslebens aus den Knochen herausgebildet, könnten es auch wohl noch unter günstigen Verhältnissen, und derselbe Versuch, als wenn man, nachdem das Hühnchen aus dem Ei gekrochen; das Hühnchen noch einmal aus der Eierschale erzeugen wollte; nur daß ich statt der Stoffe die Kräfte dazu erschöpft halte.

Schon oben habe ich darauf hingewiesen, daß ein Ursprung der Organismen, aus rein unorganischem Stoffe als ein Widerspruch mit dem Prinzip der Tendenz zur Stabilität erscheint. Ich will zwar nicht behaupten, daß dieser Widerspruch in völlig strenger Weise dargetan sei; aber die allgemeine Betrachtung, die sich in dieser Hinsicht anstellen ließ, stimmt zusammen mit dem negativen Erfolge der bisher angestellten Beobachtungen und Versuche. Man provoziert zwar auf ganz eigentümliche früher bestandene Verhältnisse des unorganischen Reiches, welche die jetzt nicht mehr möglich scheinende Entstehung von Organismen daraus möglich gemacht haben sollen; aber so lange man mit diesen Verhältnissen nicht aus den Bedingungen des unorganischen Zustandes heraustritt, wird man weder nach jenem Prinzip noch nach empirischen Gesetzen sich auf jene Entstehung Rechnung machen dürfen. Denn mag der Kohlensäuregehalt der Luft, die Brutwärme der Erde, und an was man sonst denken mag, früher viel größer gewesen sein als jetzt, mag man die Diffusionen und chemischen Prozesse zwischen den unorganischen Massen noch so abgeändert denken, so wissen wir doch genug von den Gesetzen aller solcher Abänderungen und ihren Erfolgen, um als Resultat immer wieder nur unorganische Massen erwarten zu können.

Es wird großes Gewicht darauf gelegt, daß die neuere Chemie aus rein unorganischen Stoffen Harnstoff, Ameisensäure u. s. w., welche auch von Organismen produziert werden, zu erzeugen gelernt habe; aber hat sie irgend einen dieser Stoffe in den organischen Bewegungszustand zu versetzen, die Phänomene der Ernährung, des Wachstums, der Fortpflanzung daran hervorzubringen vermocht? und darum handelt es sich doch. Nun meint man, es käme nur noch darauf an, es bis zur chemischen Zusammensetzung und dem Aggregatzustande des eiweißartigen Protoplasma eines einfachen Moners bringen, so werde sich alles das von selbst finden. Und unstreitig, wenn das künstlich erzeugte Protoplasma in allen molekularen Verhältnissen dem natürlichen gliche, so würde es auch dessen Lebenserscheinungen zeigen; nur gehört zu den molekularen Verhältnissen der Bewegungszustand selbst, auf dem die Lebenserscheinungen beruhen; die Chemie der Laboratorien aber hat bisher noch nicht die geringste Anlage verraten, solchen einer unorganischen Materie zu verleihen, oder deren Teilchen so zu ordnen, daß Kräfte dazu in ihr selbst erwachen.

Während aber so das unorganische Reich sich unfähig zeigt, Organisches in sich aus sich zu produzieren, sehen wir täglich in und aus Organismen unorganische Stoffe in tropfbarem oder Gaszustande sich ausscheiden oder mehr oder weniger feste Gerüste darin bilden, und so meine ich, obwohl nicht nach dieser Analogie, sondern nach direkteren Gründen, daß man auch anstatt einer Entstehung und Ausscheidung der Organismen in und aus dem unorganischen Reiche umgekehrt eine Entstehung und Ausscheidung der unorganischen Massen aus einem ursprünglich organischen Zustande der Erde im Sinne unserer Erklärung des organischen Zustandes anzunehmen habe; nur daß die molekulare Zugkraft in Erzeugung der organischen Bewegungen so lange durch die über unmerkliche Weiten hinaus wirkende Zugkraft der Gravitation vertreten war, als die Teilchen der Erde selbst über solche Weiten hinaus von einander entfernt waren. Sollte man aber den organischen Zustand bloß auf Abhängigkeit von Molekularkräften beschränken wollen, so würde man zu sagen haben, daß Organisches und Unorganisches durch Differenzierung aus einem Zustande der Urmaterie hervorgegangen zu denken sind, auf den weder der Begriff unserer heutigen organischen noch unorganischen Zustände vollkommen anwendbar ist. Insofern sich jedenfalls eine Unterscheidung des Urzustandes der Erde von den jetzt auf der Erde zu beobachtenden organischen Zuständen nötig machen kann, mag der erste als kosmorganischer, indes letzterer als molekularorganischer bezeichnet werden. Nun aber fragt sich, wie wir zu unserer Vorstellung vom kosmorganischen Zustande gelangen.

Ursprünglich war nach jetzt allgemein zugestandener Annahme die ganze Materie der Erde, ja unseres ganzen Planetensystems, in einem ungeheuer ausgedehnten Zustande und zog sich nur allmälig nach dem gemeinsamen Schwerpunkte zusammen. Hätten die Teilchen nicht von vorn herein Impulse gehabt, die von der Richtung der Schwere abwichen, so würden aus den Anziehungskräften derselben gegen einander geradlinige Bewegungen direkt nach dem Schwerpunkte resultiert sein und hätte die elliptische Bewegung der Planeten um den Schwerpunkt des Systems und die Rotation derselben um ihre Achse nicht zu Stande kommen können. Das Vorhandensein dieser, von der Richtung nach dem Schwerpunkt abweichenden, Bewegungen aber nötigt zur Annahme solcher Impulse oder Anfangsgeschwindigkeiten, welche eine andere Richtung hatten, gleichviel, worin man ihren Ursprung suchen will. Unsere Ansicht darüber, wodurch sie jedes mystischen Charakters entkleidet werden, kann man im Zusatze am Schlusse dieses Abschnittes finden; doch kommt es hier nur auf die notwendig zuzulassende Tatsache, nicht die Erklärung derselben an. Beschränken wir uns hier zunächst auf Betrachtung der Erdmasse, so ist von vorn herein kein Grund, alle Teilchen derselben als in gleichen Abständen von einander und die Impulse darauf alle als gleich gerichtet und gleich stark anzusehen, ja wenn unsere Ansicht von der Natur dieser Impulse richtig ist, so folgen aus Verschiedenheiten in erster Hinsicht von selbst Verschiedenheiten in letztern Hinsichten. Eben so wenig aber ist Grund, alle auf die verschiedenen Teilchen geäußerten Impulse sich im Ganzen in Richtung und Größe gerade kompensierend zu denken. In der Tat wären dies unter unendlich vielen denkbaren Fällen nur zwei. Jeder Fall dazwischen aber hat schließlich nach mechanischen Prinzipien zur Rotation der durch ihre Molekularanziehungen fest gewordenen Erdmasse um ihre Achse und translatorischen Bewegung im Raume nach der Richtung führen müssen, welche im Ganzen überwog[11] , indes vor Entstehung des festen Zustandes die einzelnen Teilchen eine Bewegung nach den verschiedensten Richtungen zwischen einander, durch und um einander nur mit Erhaltung der Lage des gemeinsamen Schwerpunkts und im Ganzen mit Vorwiegen einer gewissen Richtung hatten, wodurch sie nicht bloß den Ort, sondern auch die Ordnung spontan und kontinuierlich änderten, was wir als unterscheidenden Charakter des organischen Zustandes vom unorganischen erkannt haben, und wonach die ganze Erde von vorn herein unter den Gesichtspunkt eines einzigen Organismus ohne Einmischung unorganischer Zustände tritt.

Man kann sich diese Verhältnisse bis zu gewissen Grenzen dadurch erläutern und zugleich der Triftigkeit der vorigen Betrachtungen dadurch versichern, daß man von der Erde als bloß einem Teile des Planetensystems auf das ganze Planetensystem zurückblickt, indem das Spiel, was wir den Teilchen der Erdmasse unter dem Einflusse der Gravitation und ursprünglicher Impulse vor dem Festwerden durch Molekularanziehungen zuschrieben, sich noch heute zwischen den nicht durch solche Anziehungen an einander gefesselten Massen des Planetensystems vollzieht, sofern noch jetzt

---

[11] In der Tat, nach bekannten mechanischen Prinzipien, wenn auf einen schon festen, im freien Baume schwebenden Körper ein Impuls geäußert wird, dessen Richtung nicht durch den Schwerpunkt geht, so nimmt er eine Bewegung an, welche sich zusammensetzt aus einer Rotation des Körpers um eine durch den Schwerpunkt gehende Achse und eine Fortbewegung des Schwerpunkts in Richtung des Impulses. Dieser Impuls nun wird bei der Erdmasse im Moment des Festwerdens durch eine Resultante der Impulse, welche auf alle einzelne Teilchen besonders geäußert sind, vertreten — Daß die Umläufe und Rotationen aller Planeten in demselben Sinne gehen, kann freilich nicht nach diesem Prinzip erklärt werden, indem die Einrichtung darauf schon durch eine gegenseitige Abhängigkeit der Teilchen zu der Zeit geschehen sein mußte, als die ganze Masse des Planetensystems noch ungetrennt einen ungeheuren Ball bildete, in dem wegen der Entfernung der Teilchen von einander kein Festwerden durch Molekularanziehungen stattfand. Aber unstreitig wird in einem System von Teilchen, welche nur der Gravitation unterliegen, schon durch das Prinzip der Tendenz zur Stabilität eine Tendenz zur Bewegung in gleichem Sinne begründet und diese durch das spätere Erstarren der einzelnen Weltkörper mittels Molekularanziehungen nur endgültig vollendet und fixiert.

alle Planeten sich bezüglich einander um den Schwerpunkt des ganzen Systems wahrhaft kosmorganisch in freien Bahnen von verschiedener Weite, Form (Exzentrizität) und Umlaufszeit bewegen, wovon wir ja schon früher Anlaß zur Erläuterung des organischen Zustandes überhaupt nahmen, mit der hier zu wiederholenden Bemerkung, daß, während das Massenübergewicht der Sonne alle Planetenbewegungen auf wenig gestörte Ellipsen reduziert, eine solche Beschränkung für die Teilchen der Erde eben so wenig als noch heute für die Teilchen eines organischen Moleküls stattfindet, so daß man den Teilchen der Erde von vorn herein viel verwickeltere Bewegungen bezüglich des Schwerpunkts und bezüglich einander beilegen kann, als sich zwischen den Massen des Planetensystems finden.

Hierzu fügt sich noch die Erinnerung, daß außer der Verschiedenheit der übrigen Bewegungsverhältnisse auch eine verschiedene Neigung der Bahnebenen gegen die Ekliptik und eine verschiedene Neigung der Rotationsachsen für die verschiedenen Planeten besteht, was direkt beweist, daß auch die ursprünglichen Impulse für die verschiedenen Massen des Planetensystems nicht gleichgerichtet waren. Waren sie aber für die verschiedenen Massen des Systems nicht gleichgerichtet, warum sollten sie für die verschiedenen Teilchen der Massen, darunter der Erde, gleichgerichtet gewesen sein. Dächte man sich anderseits zwischen den gesamten Massen des Planetensystems eben so feste Verbindungen hergestellt, als schließlich zwischen den Teilchen der Erde zu Stande gekommen ist, dächte man alle durch ein System fester Balken verbunden, so würden sich auch alle verschiedenartigen Fortschrittsbewegungen und Rotationen der Massen eben so in eine übereinstimmende Rotationsbewegung des ganzen Systems um eine Achse verwandeln, als es mit den Teilchen der Erde der Fall gewesen ist.

Hiernach dürfte man für den Bestand der ursprünglichen kosmorganischen Bewegungen in der Erdmasse alle erwünschten theoretischen und faktischen Unterlagen haben.

Gehen wir nun von dem Zustande der Erde aus, wo diese Bewegungen noch frei und durch keine andere Kraft als die Gravitation samt der Beharrung bestimmt waren, so änderte sich dieser Zustand nach Maßgabe, als sich die Masse der Erde mehr zusammenzog, hiermit die molekularen Kräfte wirksam zu werden anfingen, und setzten sich nach bekannten Folgerungen des Gesetzes der Erhaltung der Kraft die großen kosmorganischen Bewegungen in kleinere molekulare um, was als der gemeinsame Quell der Wärmeschwingungen in den unorganischen Molekülen und der molekular – organischen in den organischen anzusehen. Nun sind letztere Bewegungen nicht minder als erstere bei den Wärmeerscheinungen in Anschlag zu bringen; molekular-organische Zustände aber können nach Erfahrung bei zu hoher Temperatur weder entstehen noch bestehen, und hierin scheint für den ersten Anblick eine wichtige Schwierigkeit zu liegen. In der Tat, wenn man sich, wie allgemein geschieht, vorstellt, daß die ganze Erdmasse zu irgend einer Zeit in glühend flüssigem Zustande war, so konnten sich dabei nicht nur keine molekular – organischen Zustände bilden, sondern mußten, wenn sie vorher zu Stande gekommen sein sollten, wieder zerstört werden, ohne nach unsern eigenen Prinzipien aus einer total unorganischen Erde wieder herausgeboren werden zu können. Aber meines Erachtens macht man sich diese Schwierigkeit nicht nur unnötiger-, sondern auch ungerechtfertigterweise[12] .

Zuvörderst scheint mir ein eigener Widerspruch darin zu liegen, daß man gewohnt ist, die Erde in ihren ausgedehnten Urzustand durch Hitze versetzt und von der andern Seite die Hitze erst durch Verdichtung der Masse entstanden zu denken. Zu Letzterem hat man Grund, für Ersteren weiß ich keinen aufzufinden, abstrahiere also zunächst davon. Nun war es unstreitig der Schwerpunkt der Masse, um welchen herum die Verdichtung zuerst den zur Verwandlung der kosmorganischen Bewegungen in kleinere molekulare hinreichenden Grad erlangte, und der ganze Wandlungsprozeß schritt von da nach dem Umfange fort, womit im Zusammenhange

---

[12] Da es eine, für Thermometer und Gefühl spürbare Hitze ist, welche vom molekular-organischen Zustande nicht ohne Zerstörung vertragen wird, so handelt es sich im Folgenden auch wesentlich um solche Hitze. Man kann sich aber einen großen Baum denken, in welchem nur wenige Teilchen mit äußerster Raschheit schwingen; dann würde man diesen Teilchen eine sehr starke Hitze beizulegen haben, indes der betreffende Baum selbst doch im Ganzen als kalt anzusehen und jene Hitze von einem in den Raum gebrachten Thermometer oder Organismus wenig gespürt wurde. Also gilt es in der Tat hier einen Unterschied zu machen.

die Temperatur von Anfang herein um den Schwerpunkt am größten sein und von da nach dem Umfange zu abnehmen mußte. War nun auch schon der Kern der Erde durch seine Verdichtung in glühendem Flusse, so konnten kosmorganische Zustände darüber so lange fortbestehen, bis die Temperatur des Kernes sich durch Ausstrahlung so weit erniedrigt hatte, daß die Bildung molekular – organischer Zustände oberhalb desselben ohne Zerstörung durch dessen Hitze eintreten konnte, indes die geringere Verdichtung und stärkere Ausstrahlung nach dem Umfange zu von anderer Seite die Bildung solcher Zustände gestattete. Oder anders ausgedrückt: die Bildung molekular-organischer Zustände erscheint von dem Zeit- und Raumpunkte an möglich, wo der Überschuß der Erwärmung, die durch die Verdichtung kosmorganischer Massen zu molekular-organischen entstehen mußte, über die Ausstrahlung nicht größer war, als sich mit dem Bestande solcher Massen vertrug.

In einfachster Weise könnte man sich den ganzen Vorgang so denken, daß die Umwandlung der kosmorganischen Bewegungen in molekulare überall durch den molekular-organischen Zustand durchging. Selbst um den Schwerpunkt herum konnte nämlich die Verdichtung und mithin Erhitzung von Anfang herein klein genug sein, um die Bildung und den Bestand molekular – organischer Zustände zu gestatten, indes darüber der kosmorganische Zustand noch fortbestand. Bei zunehmender Verdichtung aber verbrannte so zu sagen die um den Schwerpunkt zuerst gebildete molekular – organische Masse und schritt deren Bildung aus kosmorganischer Masse weiter nach dem Umfange fort. Indem aber die Verdichtung und hiermit Erhitzung in derselben Richtung fortschritt und die neu gebildete molekular – organische Masse immer von Neuem zerstörte, ist zuletzt die ganze sukzessiv aus dem kosmorganischen Zustande hervorgegangene molekular – organische Masse bis auf den kleinen Rest verbrannt, der sich in seiner Nachkommenschaft noch auf der Oberfläche der Erde erhält, und dessen schließlicher Fortbestand in schon besprochener Weise dadurch ermöglicht wurde, daß die Erhitzung mit der Ausstrahlung sich hinreichend dazu ausglich.

Inzwischen würde letztere Vorstellungsweise voraussetzen, daß überhaupt alle Materie der Erde nicht nur fähig war, molekular – organische Zustände einzugehen , sondern auch genötigt, durch dieselben zum unorganischen Zustande hindurchzugehen, was man Beides bezweifeln kann[13] . Sehr möglich, daß unorganische Molekularzustände sich, wenn nicht früher doch zugleich mit organischen aus kosmorganischen herausgebildet haben. Es zu entscheiden aber haben wir keine hinreichenden Kenntnisse und es muß genug sein, gezeigt zu haben, daß es überhaupt Vorstellungswege gibt, welche die Bildung und den definitiven Bestand molekular – organischer Zustände auf der Erdoberfläche möglich und mit allgemeinen Prinzipien vereinbar erscheinen lassen. Auch lassen sich in dieser Beziehung wohl noch Modifikationen der vorigen Vorstellungsweisen denken.

Im Vorigen ist nämlich vorausgesetzt; daß ein Glutzustand der Materie erst nach Übergang der kosmorganischen Bewegungen in molekular – unorganische eintreten könne; und so lange sich die Teilchen bloß unter dem Einflusse der Gravitation kosmorganisch bewegen, ohne daß molekulare Kräfte zwischen ihnen merkbar werden, der Zustand des Systems kalt und finster sei. Ich finde aber keine bindende Notwendigkeit zu dieser Voraussetzung. Sollte nun das System der Erde schon in seinem kosmorganischen Zustande insofern als glühend zu fassen sein, als es Licht und Hitze durch den Äther fortpflanzte[14] , so wurde man mit einiger Abänderung des vorigen Ganges der Betrachtung doch wesentlich zu demselben Resultate kommen. Die Hitze mußte mit fortschreitender Zusammenziehung und Verdichtung der Masse zunehmen, dabei mehr und mehr kosmorganische Masse sich in molekular – unorganische glühend flüssige und gasförmige verwandeln, der Rest der kosmorganischen Masse aber von dem Zeitpunkt und Raumpunkt an beginnen mit molekular – unorganischer Masse auch molekular – organische herzugeben, wo der Konflikt der Abkühlung durch Aus-

---

[13] Daß jetzt viele Stoffe, als Gold, Platin, Iridium u. s. w., nicht mehr in Organismen gefunden werden, würde doch nicht notwendig ausschließen, daß sie aus dem kosmorganischen System ihren Durchgang durch molekular-organische Zustände in den unorganischen Zustand genommen, da die Rückkehr aus diesem in jene mittels Assimilation durch vorhandene Organismen schwieriger sein kann als jener Durchgang.

[14] Die hier als möglich statuierte Annahme, daß die Erde von vorn herein in ihrem ausgedehnten kosmorganischen Zustande Licht und Hitze ausstrahlte, ist nicht mit der oben abgelehnten Annahme zu verwechseln, daß sie durch Hitze in diesen Zustand versetzt war.

strahlung am Umfange des Systems mit der Erhitzung durch fortschreitende Verdichtung dies gestattet.

Kurz, die molekular – organischen Zustände werden sich, nach Ausscheidung der unorganischen Hauptmasse bei einer zum Bestande molekular – organischer Zustände zu hohen Temperatur, aus dem schließlich dazu hinreichend erkalteten letzten Rest der kosmorganischen Masse herausbilden[15] . Dabei hat man zu berücksichtigen, daß die Unfähigkeit molekular – organischer Masse, in glühendem Zustande zu bestehen, in der Tat keineswegs zugleich als Unmöglichkeit zu fassen ist, sich aus glühender kosmorganischer Masse durch deren Erkalten zu bilden.

Der wesentliche Unterschied beider Vorstellungsweisen, der vorigen und jetzigen, ist dieser: nach der vorigen ist der kosmorganische Zustand von vorn herein dunkel und kalt, und die Entstehung und der Fortbestand der molekular – organischen Zustände am Umfange der Erde wird dadurch möglich, daß hier die Verdichtung und Hitze bei der Umwandlung des kosmorganischen Zustandes in molekulare Zustände nicht bis zur Zerstörung des molekular – organischen Zustandes gedeiht. Nach der jetzigen ist der kosmorganische Zustand von vorn herein licht und heiß; die kosmorganische Materie erkaltet aber am Umfange der Erde vor Umsetzung in molekularen Zustand erst so weit, daß ein molekular – organischer Bestand möglich wird.

Ob so oder so oder in noch anders modifizierter Weise, wer weiß es; es ist aber auch nicht zu wissen nötig, so lange es sich bloß um mögliche Wege, die angegebene Schwierigkeit zu beseitigen, handelt. Übrigens ließ sich wohl schon früher daran denken, daß am Umfange des irdischen Systems in Berührung und Nachbarschaft seiner Materie mit dem kalten Planetenraum nicht die gleichen Bedingungen der Erhitzung bestehen konnten, als für den Kern der

---

15 Wenn man sich fragt, in welchem Zustande die fernen Lichtnebel am Himmel, welche man für in Bildung begriffene Weltsysteme hält, sich befinden mögen, so kann man sich bei der Annahme, daß kosmorganisch bewegte Teilchen durch den Äther des Himmelsraums Licht und Wärme fortzupflanzen vermögen, denken, daß die Lichtnebel bloß aus solchen Teilchen bestehen; im Fall man aber bloß molekular-unorganischen Teilchen dies Vermögen zuschreibt, auch ein Gemisch von kosmorganischen Teilchen mit in glühendem Zustande ausgeschiedenen und dadurch die Nebel leuchtend machenden Teilchen darin sehen.

Erde; nur für den Umfang der Erde aber bedarf es der Annahme einer hinreichend niedrigen Temperatur, um die Entstehung und den Bestand des organischen Reiches auf der Erde möglich zu finden, wobei es nichts verschlägt, daß wir uns den primitiven Zustand desselben ganz anders vorzustellen haben, als den, der im Fortschritt der Zeiten daraus hervorgegangen ist. Eine gewaltige Veränderlichkeit des organischen Reiches im Gange der Zeiten ist ja ohnehin allgemein zugestanden, ja ihre Annahme gehört zu den Grundbestimmungen der Deszendenztheorie.

Natürlicherweise erstreckt sich die Unsicherheit in Betreff der Weise, wie die erste Entstehung molekular – organischer Zustände vorzustellen, auch auf die Weise, wie die ersten Fortschritte in Entwickelung derselben vorzustellen, eine Unsicherheit, die um so mehr wächst, je mehr man ins Spezielle zu gehen versucht. Indes hängen doch mit dem kosmorganischen Ursprunge der molekular – organischen Zustände manche Folgerungen zu wesentlich zusammen, um nicht mit einem entsprechenden Grade der Sicherheit oder doch Wahrscheinlichkeit ausgesprochen werden zu dürfen, führen aber damit zu Vorstellungsweisen, welche von den jetzt über dieselben Verhältnisse herrschenden sehr abweichen, natürlich, weil ihr Ausgangspunkt ein ganz verschiedener ist. Da inzwischen die Ansicht vom kosmorganischen Ursprunge der irdischen Organismen doch auch vorerst nur als Hypothese gelten kann, und die folgens daraus zu ziehenden Folgerungen nicht alle mit strenger Notwendigkeit daraus folgen, so biete ich das, was die folgenden Abschnitte in dieser Hinsicht enthalten, zunächst auch nur als mögliche und wahrscheinliche Modifikationen der herrschenden Ansichten einer weiteren Prüfung Sachverständiger dar.

Zusatz.

Gemeinhin betrachtet man die ursprünglichen Impulse, um die es sich hier gehandelt hat, als rätselhafte, sozu sagen außerweltliche Ursachen uranfänglicher Bewegung, welche mit den der Materie eigentümlichen Kräften nichts zu schffen haben, sondern denselben ursprünglich zugefügt sind, um durch Ablenkung aus der Richtung derselben das Zusammengehen aller Materie in gerader Richtung nach dem gemeinsamen Schwerpunkt und dadurch die Erstarrung der Welt zu hindern. Ja man hat selbst in der Notwendigkeit der Annahme solcher ursprünglichen Impulse einen Beweis gesucht, daß zu den physischen Kräften, welche die Welt bewegen, ein hyperphysisches Prinzip zu statuieren sei. Meines Erachtens aber läßt sich die Sache sehr anders fassen, und es sollte mich sehr wundern, wenn sie nicht irgendwo schon so gefaßt wäre. Daß ohne ursprüngliche, der Natur der materiellen Kräfte fremdartige, Impulse alle Materie eines der Gravitation unterliegenden Systems sich in gerader Linie nach dem Schwerpunkte des Systems bewegen müsse, kann doch, so weit ich es übersehe, bloß für ganz partikuläre Voraussetzungen als gültig angesehen werden, die man gewöhnlich stillschweigend vor Augen zu haben scheint, als namentlich 1) daß das System bloß aus zwei Punkten oder in ihrem Schwerpunkt vereinigt gedachten Massen besteht, oder allgemeiner, alle Punkte innerhalb einer und derselben geraden Linie liegen ; 2) daß die ganze Materie des Systems von vorn herein mit gleichförmiger Dichtigkeit in einem kugelförmigen Raume enthalten ist. Auch mag es Fälle symmetrischer Anordnung der Teilchen geben, welche die Bedingung einer geradlinigen Bewegung derselben nach dem gemeinsamen Schwerpunkt enthalten. In allen andern Fällen aber darf man annehmen, daß die Richtung der Teilchen nach dem gemeinsamen Schwerpunkt durch ihre gegenseitige Anziehung Seitenablenkungen erfährt, durch welche sich die sog. ursprünglichen Impulse vertreten lassen. Nur daß das Gesetz der Erhaltung des Schwerpunktes und der Flächen dabei immer gewahrt bleiben muß. Um wenigstens ein paar Beispiele zu geben, in welchen die Abweichung von der Richtung der Teilchen nach dem Schwerpunkt unter dem bloßen Einflusse der Gravitation evident wird, so denke man sich zwei sehr schwere Teilchen oder zwei Massen, die sich in ihrem

Schwerpunkte konzentriert denken lassen, so wird der gemeinsame Schwerpunkt beider auf der Verbindungslinie derselben liegen, und beide Massen für sich betrachtet werden diesem Schwerpunkt in gerader Richtung zustreben. Sei nun aber ein drittes Teilchen ganz in der Nähe einer der beiden Hauptmassen gegeben, indes diese sehr weit von einander entfernt sind, und die Masse des Teilchens verschwindend klein gegen die der Hauptmassen. Dann wird der gemeinsame Schwerpunkt des ganzen Systems immer noch merklich genau auf der Verbindungslinie beider Hauptmassen liegen, das kleine Teilchen in der Nähe einer der beiden Hauptmassen aber, seitlich von derselben vorgestellt, wird sich bei so großer Entfernung der andern Hauptmasse, daß deren anziehende Wirkung gegen die der nähern verschwindet, offenbar nicht nach dem gemeinsamen Schwerpunkt beider, welcher zugleich der des Systems ist, sondern nach der nähern Hauptmasse hinbewegen, als wenn sie einen ablenkenden Impuls von der Richtung nach dem gemeinsamen Schwerpunkt erfahren hätte. Ja fände sich das Teilchen auf der Verbindungslinie beider Massen zwischen denselben, so würde es sogar in der gerade entgegengesetzten Richtung als nach dem gemeinsamen Schwerpunkt hin sich nach der ihm nahen Masse hinbewegen.

Oder denken wir uns ein sehr verlängertes Dreieck von sehr kleiner Basis und an jeder Ecke des Dreiecks eine anziehende Masse befindlich. Selbst wenn alle drei Massen einander gleich sind und das Dreieck gleichschenklig, also zweiseitig symmetrisch ist, werden die beiden einander sehr nahen Massen an den Endpunkten der kleinen Dreiecksbasis sich vielmehr in der Richtung gegen einander als nach dem gemeinsamen Schwerpunkt des Systems, der in einer durch die Mitte der Basis gezogenen Senkrechten zu suchen ist, bewegen müssen.

Oder, um noch eines Beispiels zu gedenken, sei eine mit Materie gleichförmig erfüllte Kugelschale von konstanter Dicke gegeben. Der Schwerpunkt der Masse wird in der Mitte des Hohlraums liegen. Sei ferner ein Teilchen irgendwo innerhalb dieses Hohlraums gegeben, dessen Masse gegen die Gesamtmasse verschwindend klein ist, so daß der Schwerpunkt des ganzen Systems dadurch nicht merklich aus dem Kugelmittelpunkte verrückt wird. Nach einem hinlänglich bekannten Satze kompensieren sich für das Teichen, wo es sich auch innerhalb des Hohlraums befinde, die Anziehungen nach allen Seiten in der Art, daß es so gut ist, als wenn es gar keiner Anziehung unterläge und ohne anderweiten Impuls ruhig bleibt. Nun aber stelle man sich die Masse der Kugelschale an irgend einer Stelle verdichtet oder in einen Fortsatz auslaufend vor, so wird das Teilchen sich geradehin nach der verdichteten Stelle oder nach dem Fortsatze hin bewegen, sofern die Wirkung der übrigen Masse darauf nicht spürbar ist, nicht aber nach dem durch die lokale Verdichtung oder den Fortsatz nur etwas verrückten Schwerpunkt des Systems, ausgenommen in dem besonderen Falle, daß der verrückte Schwerpunkt in der Bahnlinie dieser Bewegung selbst enthalten wäre.

Wenn unsere Erde, statt sich in gerader Linie nach dem Schwerpunkt des Planetensystems hin zu bewegen, denselben in elliptischer Bahn umkreist, so kann der dazu erforderliche seitlich ablenkende Impuls teils durch die Anziehung der andern Planeten, teils selbst andrer Sonnensysteme, mit denen unser System in seinem ausgedehnten Urzustande in näherer Beziehung stand als jetzt, repräsentiert gedacht werden.

Hiernach meine ich, daß die Bewegung jedes Teilchens des kosmorganischen Systems unter dem Einflusse der Gravitation sich überhaupt in zwei Teile zerlegen läßt, den einen, der nach dem Schwerpunkte des Systems gerichtet ist, und einen andern, welcher irgend seitlich dagegen gerichtet ist und den ursprünglichen ablenkenden Impuls, den man zu supponieren pflegt, vertritt, der aber hiernach nicht als ein nur ein- für allemal erteilter und hiernach in Ewigkeit fortwirkender, sondern mit der durch die Bewegung der Teilchen sich ändernden Anordnung sich ändernder zu betrachten. Auch leuchtet ein, daß wir, wenn wir die Teilchen des kosmorganischen Systems anfangs in regelloser Anordnung vorstellen, wie in der Tat von uns geschieht, nicht noch einer besonderen Voraussetzung bedürfen, um die Regellosigkeit der von der Schwere ablenkenden Impulse der Teilchen zu erklären oder zu begründen, da sie eine notwendige Folge jener regellosen Anordnung ist.

Obwohl ich diese Auffassung der sog. ursprünglichen Impulse für triftiger halte, als die hergebrachte, habe ich es doch nicht nötig gehalten, damit in den Haupttext einzugehen, da sie für die hier in

Betracht kommenden Verhältnisse zu keinen anderen Folgerungen führt, als die hergebrachte, auf die Bezug zu nehmen den Vorteil hatte, eine Komplikation der Betrachtung zu ersparen.

VI. Prinzip der bezugsweisen Differenzierung.

Im Allgemeinen erklärt man die Entstehung neuer und verschiedenartiger Geschöpfe im Wege der Abstammung aus früheren Geschöpfen dadurch, daß die Elterngeschöpfe nach Maßgabe als die Entwicklung des irdischen Reiches fortschritt und die Verhältnisse desselben sich neu gestalteten und vermannichfachten, auch demgemäß abgeänderte Einflüsse erfahren, hiernach nicht nur selbst ihre Organisation mannichfach abänderten, sondern auch mannichfach abgeänderte, mithin zu neuen Organismen sich entwickelnde, Keime von sich abspalteten, hiervon aber nach dem Prinzip des Kampfes um das Dasein die günstigst organisierten und den Außenverhältnissen am besten angepaßten die anderen verdrängten, das Feld behielten und ihre Eigentümlichkeiten auf die Nachkommen vererbten. Die Einflüsse, wodurch die Organismen abgeändert werden, beruhen auf Wirkungen der allgemeinen Naturkräfte, die an sich zwecklos ohne angebbares Prinzip, wohin sie zielen, hiernach mit dem Charakter zufälligen Wirkens, ein Spiel treiben, was nur dadurch den Charakter der Zweckmäßigkeit erhält, daß die nicht bestandfähigen Folgen dieses Spieles gegen die bestandfähigen den kürzeren ziehen und diesen den Platz lassen. Kurz die drei Prinzipe der Veränderlichkeit der Organismen durch unbestimmbare an sich zwecklos wirkende Naturkräfte, des Kampfes der veränderten Organismen um das Dasein mit dem Siege der am vorteilhaftesten veränderten und der sich immer mehr fixierenden Vererbung ihrer Eigenschaften gelten als die zureichenden Hebel der Entwickelung des organischen Reiches von einfachen Anfängen aus zur heutigen Mannichfaltigkeit; und man bezeichnet diese Entwicklung als natürliche oder künstliche Züchtung, Zuchtwahl, je nachdem obige Hebel durch die Natur ohne absichtliches Zutun des Menschen oder mit Hilfe von solchem in Wirkung treten.

Nun zeigen sich diese Prinzipe auch heute noch in Gestaltung und Erhaltung der Verhältnisse der organischen Welt wirksam und wird sich gegen den allgemeinen Gesichtspunkt, sie hiernach auch für die Entwicklung der organischen Welt bis zum heutigen Bestande in Anspruch zu nehmen, nichts Erhebliches einwenden lassen, um nicht zu mystischen Gründen seine Zuflucht nehmen zu müssen; aber aus demselben Gesichtspunkte scheint mir zu den vorigen Prinzipien ein anderes nicht nur zuzuziehen, sondern dem Prinzipe des Kampfes um das Dasein noch überzuordnen , das Prinzip einer Abhängigkeit der Existenzbedingungen der organischen Geschöpfe von einander und demgemäßen Ergänzung durch einander, was auf ein entsprechendes Übergewicht in den Entstehungsbedingungen hinweist. Nun sucht man freilich dies Prinzip selbst nur als sekundären Erfolg der natürlichen Züchtung nach den angegebenen drei andern Prinzipien etwa wie folgt darzustellen: diejenigen Organismen werden zusammen fortbestehen, welche sich so abgeändert haben, daß sie am besten zusammen bestehen können; die andern werden eingehen; hiermit bleiben nur die zusammenpassenden übrig, ohne daß von vorn herein Bedingungen für das Zusammenpassen gegeben waren. Und man muß zugestehen, daß im Ausgange von der Ansicht eines unorganischen Ursprungs der Organismen auf keine andere Ansicht zu kommen war.

Hiergegen führt die Ansicht vom kosmorganischen Ursprunge der Organismen eben so natürlich zu einer andern Auffassung, die den Blick auf einen einheitlichen Entwicklungsplan der Organismen eröffnet, der sich nach voriger Auffassung so zu sagen stückweis aus unzähligen zufälligen Einzelheiten zusammensetzt. Außerdem läßt die vorige Auffassung bei genauerer Erwägung Schwierigkeiten ungehoben, die der oberflächlichen Betrachtung entgehen mögen, bei unserer Auffassung aber überhaupt wegfallen.

Man sagt: der Egoismus sei das Prinzip der Welt, und so kämpfe Jeder um sein Leben mit dem Andern; in der Tat aber ist der Egoismus nur das Prinzip der Einzelnen, worüber ein die Gesamtheit aller Einzelnen bindendes Prinzip, will man so, der höhere Egoismus des Systems der Einzelnen herrschend greift. So sage ich; aber die bisherige Deszendenzlehre, mindestens in ihren entschiedensten Vertretern, leugnet eben das Dasein eines solchen Prinzips. Man sieht, mit allgemeinen Phrasen für und wider wird überhaupt in diesem Felde nichts auszurichten sein; also sehen wir lieber den faktischen Verhältnissen direkt ins Auge.

Ich meine doch zuvörderst, faktisch spielt in den Verhältnissen der Jetztwelt das Prinzip des Kampfes um das Dasein, das heißt um die Existenzbedingungen, eine so untergeordnete Rolle gegen das Prinzip einer Abhängigkeit der Existenzbedingungen der organischen Geschöpfe von einander und Ergänzung zu einander, daß es von vorn herein bedenklich erscheinen muß, ihm die übergeordnete Rolle in der Entwickelung der jetzigen Existenzbedingungen beizulegen. Ehe wir aber eine andere Vorstellung dafür zu substituieren suchen, sehen wir uns die Verhältnisse der Gegenwart in dieser Hinsicht an. Kann wohl das Prinzip des Kampfes um das Dasein als das jetzt herrschende im Verhältnisse zwischen Tier- und Pflanzenreich gelten? Ist nicht vielmehr das Tierreich mit seiner Existenz völlig auf das Pflanzenreich angewiesen? Wohl besteht zwischen beiden insofern ein Kampf, als die Pflanzen von den Tieren gefressen werden, und wo ein Baum steht, nicht zugleich ein Tier stehen kann; aber anstatt daß die Tiere als höher entwickelte Organismen die Pflanzen verdrängen, um ihre Stelle einzunehmen, beschränken beide nur die Ausbreitung ihres Daseins wechselseitig so weit, daß beider Fortexistenz möglichst gesichert bleibt; denn sollten die Tiere alle Pflanzen zerstören, so würden sie damit die Bedingungen ihrer eigenen Fortexistenz zerstören, und sollte es keine Tiere mehr geben, so würden den Pflanzen die Kohlensäure, welche die Tiere ausatmen, der Dünger, welchen sie fallen lassen, und die Hilfe, welche sie von den Insekten bei der Befruchtung erfahren; fehlen.

Auch im Tierreich werden die Pflanzenfresser von den Fleischfressern im Kampfe um das Dasein nicht verdrängt, sondern bloß vor einer so übermäßigen Verbreitung, daß sie sich wechselseitig die Nahrung verkümmern würden, gehindert, indes der Überfluss den Fleischfressern zur Nahrung dient. Die Menschen führen Krieg mit einander, aber nur mitunter; indes sie in der Hauptsache und beständig zu ihrer Forterhaltung, Fortpflanzung und Fortentwicklung auf einander angewiesen sind. Es ist wahr, die kultivierten Nationen verdrängen allmälig die rohen, die größeren Raubtiere werden allmälig von den Menschen ausgerottet, kultivierte Saaten aus wenigen Spezies von Gewächsen treten an die Stelle mannichfachen Unkrauts, und überall verdrängen im Kampfe um das Dasein vollkommenere oder den Umständen vollkommener angepaßte Exemplare einer Spezies die unvollkommeneren oder weniger angepaßten, und behält der Kampf um das Dasein in dieser Hinsicht große Wichtigkeit; aber diese Wichtigkeit überbietet doch nicht die des Ergänzungsverhältnisses, das sich von anderer Seite geltend macht, und wie vermöchte man in Beispielen folgender Art das letztere als sekundären Erfolg des ersten nach den Prinzipien der bisherigen Züchtungslehre darzustellen.

Nehmen wir das Ergänzungsverhältnis der zwei Geschlechter. Wenn ich nicht irre, steht für die bisherige Züchtungslehre nur folgender Weg offen, seine Entstehung zu erklären. Anfangs gab es nur geschlechtslose oder beide Geschlechter in sich vereinigende Geschöpfe. Durch irgend welche Zufälligkeiten – denn umsonst suche ich in der bisherigen Züchtungslehre nach einem andern Prinzip der Wirkungsweise der Kräfte, als daß von den möglichen Wirkungsweisen derselben irgendwo und irgendwann diese oder jene eintreten – änderte sich die Organisation eines gegebenen Tier – Individuum so ab, daß es einen männlichen Charakter annahm, mithin sich nicht mehr durch sich selbst fortpflanzen konnte. Durch andre dergleichen Zufälligkeiten änderte sich die Organisation eines ändern Individuum derselben Spezies so ab, daß es einen weiblichen Charakter annahm, mithin sich nicht mehr durch sich selber fortpflanzen konnte. Zufällig waren diese Veränderungen so beschaffen, daß doch durch Begattung beider Individuen eine Fortpflanzung möglich war; auch traf zufällig die Bildung beider Geschlechtsindividuen an demselben Orte und in derselben Zeit zusammen; und indem sich diese Zufälligkeiten in ganz ähnlicher Weise durch das Tierreich wiederholten und ihre Erfolge durch Vererbung fortpflanzten, ist die jetzt durch die ganze obere Schicht des Tierreiches durchgreifende Verschiedenheit und Trennung der Geschlechter entstanden. Daß aber die Individuen mit getrennten Geschlechtern im Kampfe um das Dasein das Feld behielten, liegt in dem Vorteile, den ihnen die mit der Trennung der Geschlechter eingetretene Teilung der Arbeit beim Fortpflanzungsgeschäft und nach andern Beziehungen gewährt.

Bemerken wir nun, daß der Eintritt von Zufälligkeiten, wodurch geschlechtslose Individuen sich in geschlechtlich differente verwandeln, an sich nicht zu den wahrscheinlichen in der Wirkungssphäre der Kräfte gehören kann, da wir jetzt keine Zufälligkeiten mehr eintreten sehen, wodurch eine solche Verwandlung an den unzähligen geschlechtslosen Spezies von Geschöpfen, die es noch gibt, erfolgte, und bemerken wir dazu, daß in den Prinzipien der bisherigen Züchtungslehre vollends nichts liegt, was die gleichzeitige und an dieselbe Lokalität sich knüpfende Entstehung zweier sich ergänzender Geschlechtsindividuen auch nur einer einzigen Spezies, geschweige durch das ganze Tierreich mit dem geringsten Grade von Wahrscheinlichkeit behaftet erscheinen ließe. Im Gegenteil sollte man zur Entstehung der beiden verschiedenartigen Geschlechtsindividuen verschiedenerlei einwirkende Umstände, also verschiedene Zeiten und Orte erwarten. Und was gewinnt man nun damit, Millionen oder Milliarden Jahre in Anspruch zu nehmen, um das zufällige Zusammentreffen solcher Umstände doch einmal und wieder einmal hier und da möglich zu finden, als daß man die aller unwahrscheinlichste Ansicht doch nicht unmöglich erscheinen läßt, indes es sich vielmehr darum handelt, unter den möglichen Ansichten die wahrscheinlichste zu finden; wenn man nicht gar vielmehr dem Wirte gleicht, der den Verlust, den er durch zu billigen Verkauf an jedem einzelnen Maße Bier erlitt, durch die Menge der verkauften Maße einzubringen meinte. In der Tat aber sollte man glauben, daß die Forterhaltung der geschlechtlichen Trennung im organischen Reiche nach solchen Prinzipien, wenn selbst vermöge glücklicher Zufälligkeiten durch eine gewisse Zeit möglich, mit dem Wachstum der Jahre immer unwahrscheinlicher werden müsste. Denn setzen wir auch, daß beide Geschlechtsindividuen sich zufällig um dieselbe Zeit im erforderlichen Ergänzungsverhältnisse gebildet hätten, so sieht man nicht ein, wiefern beide, die sich zur Fortpflanzung zusammenfinden mußten, günstiger dazu gestellt sein sollten, als das geschlechtlose oder beide Geschlechter in sich vereinigende Individuum, welches hiermit auch die Bedingungen der Fortpflanzung in sich vereinigte.

Hiergegen macht man die Vorteile der Arbeitsteilung geltend, welche durch die Trennung der Geschlechter zu Stande komme, und. unstreitig gibt es solche Vorteile. Wenn aber die Arbeitsteilung irgend eines Geschäftes erst nur einseitig zu Stande kommen und auf den Zufall warten sollte, daß er die Ergänzung von der andern Seite zufüge, so würden die Vorteile sich in Nachtheile verkehren und das geteilte Geschäft eingehen, statt das ungeteilte zu verdrängen und sich auf die Nachkommen zu vererben; ich wüßte aber nicht, wie nach der bisherigen Züchtungslehre das Zustandekommen der Arbeitsteilung des Fortpflanzungsgeschäftes anders als in solcher Weise und mit solchem Erfolge zu denken wäre. Auch kommt die Arbeitsteilung in den Geschäften des äußern menschlichen Lebens niemals durch Zufälligkeiten sondern durch innere Entwickelungsbedingungen zu Stande; und so wird es auch unstreitig mit den Geschäften des inneren Lebens sein.

Dieselben Schwierigkeiten der bisherigen Züchtungslehre kehren nur in anderer Form bei folgendem Beispiele wieder. Viele Pflanzen sind auf eine Befruchtung unter Mithilfe gewisser Insekten angewiesen und diese Insekten gegenteils auf eine Befriedigung ihres Nahrungsbedürfnisses beim Akte dieser Hilfe.

Soll nun ein solches Verhältnis nach der bisherigen Züchtungslehre zu Stande gekommen gedacht werden, so hat die betreffende Pflanze aus unbekannten Ursachen ihre Organisation so abändern müssen, daß es eines betreffenden Insekts zur Befruchtung bedurfte, und ein Tier hat aus eben so unbekannten Ursachen, welche prinzipiell mit den bei der Pflanze wirksamen in gar keinem Zweckbezuge stehen, seine Organisation so abändern müssen, daß es seine Nahrung aus der betreffenden Pflanze unter Vollzug einer Beihilfe zur Befruchtung suchen mußte. Die Pflanze und das Tier sollen nun im Kampfe um das Dasein mit ihren Verwandten, die sich nicht so vorteilhaft auf einander eingerichtet hatten, das Übergewicht erhalten haben. Aber wenn sie nicht zugleich ihre Organisation mit Bezug zu einander in jener Weise abänderten, so kamen sie ja durch ihre Abänderung wieder in entschiedenen Nachteil gegen ihre nicht abgeänderten Verwandten, weil sie die Ergänzung nicht fanden, welche sie brauchten, und blieben selbst, wenn sie dieselbe zu finden vermochten, dadurch in Nachteil, daß sie dieselbe erst suchen mußten.

Was nun aber hier vom Ergänzungsverhältnisse in zwei spezialen Beispielen gesagt ist, findet im Grunde mehr oder weniger auf alle Ergänzungsverhältnisse im organischen Reiche Anwendung. Überall begegnet man einer Ungeheuern Schwierigkeit, das Ergänzungsverhältnis durch Anpassung der Organismen an einander in den zufälligen Wegen einer von einander unabhängigen Abänderung unter Zuziehung des Kampfes um das Dasein entstehen zu lassen, und wird sich dieser Schwierigkeit nur dadurch überheben können, daß man dafür die Ansicht eines örtlichen, zeitlichen und kausalen Zusammenhanges der Entstehungsbedingungen der sich ergänzenden Organismen substituiert. Auch tritt eine solche mit dem gemeinsamen kosmorganischen Ursprunge der Geschöpfe in natürliche Beziehung und begreift selbst das Ergänzungsverhältnis des organischen und unorganischen Reiches mit unter sich.

In der Tat meine ich, daß von Anfange herein sich das kosmorganische Reich gleich in ein zusammengehöriges, zusammenhängendes und zusammenpassendes molekular – organisches und unorganisches differenzierte, indem der frühere einheitliche Bestand jenes Reiches sich in den Zusammenbestand beider, sich zur Ergänzung fordernden wie eine solche bietenden, Reiche nach dem alsbald zu besprechenden Prinzips auflöste; daß dann weiter das molekular – organische Reich sich, mit Hinterlassung eines der Differenzierung unfähigen Restes in den Pflanzentieren, in ein zusammengehöriges und zusammenpassendes Tierreich und Pflanzenreich differenzierte, und innerhalb beider Reiche noch spezialere Differenzierungen, darunter die der beiden Geschlechter, der Parasiten und ihrer Träger u. s. w. eintraten.

Hierbei verstehe ich gegenüber dem Falle der einfachen Spaltung einer Masse in mehrere Massen, die nur in Größe und äußerer Form, aber nicht der innern Konstitution oder dem Baue nach sich von der Ursprungsmasse und von einander unterscheiden, unter Differenzierung den Fall, daß eine Masse von einer gegebenen inneren Konstitution sich sei es direkt in Massen von ungleicher Konstitution spaltet, welche ein Ergänzungsverhältnis zu einander behalten, oder die von ihr erzeugten Keime vor ihrer Abspaltung so spaltet, daß daraus Organismen im Ergänzungsverhältnisse hervorgehen, was ich kurz als Massendifferenzierung und Keimdifferenzierung unterscheide.

Nun spricht man schon in der bisherigen Züchtungslehre von Differenzierung insofern, als derselbe Organismus Nachkommen erzeugt, die durch zufällige Einflüsse nach dieser oder jener Richtung verschieden ausfallen oder im Laufe folgender Generationen sich verschieden entwickeln. Insofern aber hier von einer Differenzierung die Rede ist, wodurch aus einem Organismus Nachkommen hervorgehen, die, anstatt zufällig verschieden zu sein, in wesentlichem Ergänzungsverhältnisse zu einander verschieden sind, nenne ich diese Art der Differenzierung bezugsweise Differenzierung zum Unterschiede von jener, welche zufällige Differenzierung heißen kann, deren Tatsache nicht durch die Annahme von jener als aufgehoben sondern nur als ergänzt anzusehen ist.

Auch das Prinzip des Kampfes um das Dasein wird durch das Prinzip der bezugsweisen Differenzierung nicht ungültig, sondern wenn ersteres Prinzip nach der bisherigen Züchtungslehre als Korrektiv der schrankenlosen Variabilität der Organismen zur Hervorrufung eines zweckmäßigen Bestandes der organischen Welt erscheint, so hat es nach der folgenden Auseinandersetzung auch für uns noch als Korrektiv der bezugsweisen wie zufälligen Differenzierung zu gelten, nur daß es zu einer mehr sekundären und untergeordneten Rolle herabgedrückt erscheint. Näher zugesehen ist nämlich das Verhältnis so zu fassen.

Um an die Entstehung der Geschöpfe aus Keimen, kurz Keimdifferenzierung, anzuknüpfen: wenn zwei verschiedenartige Geschöpfe dadurch entstehen, daß ein Keim vor seiner Abspaltung vom Muttergeschöpfe sich in zwei verschiedene Keime differenziert hat, die sich demgemäß zu verschiedenen Geschöpfen entwickeln, so läßt sich leicht denken, daß sie aus ihrem ersten Zusammenbestande oder ihrer Verschmelzung gewisse Bedingungen eines stabeln organischen Wirkungszusammenhanges und gegenseitiger Ergänzung zu ihrer Forterhaltung und Entwickelung in den gesonderten Zustand mit hinübernehmen, indes aber in ihrer Trennung selbst die Nötigung liegt, diese Bedingungen dahin zu vervollständigen, daß sie auch noch für den durch Zwischeneinschiebung von Teilen der Außenwelt getrennten Zusammenbestand und die getrennte Fortentwicklung reichen. Jedenfalls sind Vorbedingungen der durch Differenzierung aus einem einheitlichen Ursprunge hervorgegangenen Geschöpfe in einer gegenseitigen Einrichtung beider auf einander gegeben, die nicht erst geschaffen, sondern eben nur ergänzt zu werden brauchen, um ein bezugsreiches Leben und eine bezugsweise Entwicklung der getrennten Organismen fortzuerhalten. Diese Ergänzung aber kann vollkommener und unvollkommener sein, und der Kampf um das Dasein wird nun seine wichtige Rolle darin spielen, daß er den am besten zusammenpassenden Ergänzungsgliedern das Übergewicht verleiht, eine um so wichtigere, als nicht nur die direkt aus der Differenzierung hervorgegangenen Ergänzungsglieder unter einander, sondern diese auch mit allen aus nebengeordneten Differenzierungen hervorgegangenen

Gliedern und mit der unorganischen Außenwelt sich in ein zusammenpassendes Verhältnis zu fügen und demgemäß abzuändern haben.

Inzwischen sieht man, daß dem Kampfe um das Dasein doch hiernach viel weniger zu leisten überlassen bleibt, als nach der bisherigen Züchtungslehre; sofern er die Hauptbedingungen zum zweckmäßigen Zusammenbestande nicht erst zu schaffen, sondern eben nur zu ergänzen hat.

Ich halte dafür, daß die sukzessiv im irdischen System eingetretenen bezugsweisen Differenzierungen ebenso in der Uranlage des kosmorganischen Systems gelegen sind, als noch heute die Teilung einer Zelle in deren Anlage gelegen ist, nur daß diese noch äußerer Bedingungen der Ernährung dazu bedarf, deren das kosmorganische System nicht bedurfte. Ich setze voraus, ohne es freilich direkt beweisen zu können, daß die sukzessiven Differenzierungen im Sinne eines Fortschrittes zur Stabilität gelegen sind und aus allgemeinstem Gesichtspunkte ihre Erklärung darin zu suchen haben. In der Tat läßt sich denken, daß eine gegebene Organisation sich bis zu gewissen Grenzen durch innere Kräfte unter gegebenen Außenbedingungen so abändern kann, daß ein Fortschritt zur Stabilität ohne Differenzierung stattfindet, im Laufe der Fortwirkung der inneren Kräfte und etwaiger Abänderung der Außenbedingungen aber ein Punkt eintritt, wo mit Trennung dieser Organisation in zwei sich ergänzende Glieder mehr in dieser Hinsicht geleistet werden kann, als durch Abänderung der ganzen Organisation, und daß auch der Kampf um das Dasein nur den Erfolg hat, die instabeln organischen Verhältnisse zum Vorteil der stablern zu beseitigen.

Man darf gegen das vorige Prinzip nicht einwenden, daß wir das organische Reich jetzt nicht mehr im Wege desselben sich fortentwickeln sehen, da wir das organische Reich, abgesehen von den Erfolgen der hier nicht in Betracht kommenden künstlichen Züchtung, jetzt überhaupt nicht mehr sich fortentwickeln sehen. Doch mußte es sich von ersten Anfängen aus bis heute fortentwickelt haben. Mag nun auch das Prinzip der bezugsweisen Differenzierung in voriger Aufstellungsweise bloß als ein hypothetisches gelten, so scheint es mir doch nach voriger Darlegung eine notwendige Ergänzung der andern Prinzipe, wodurch die Deszendenztheorie nicht minder im Wege der Hypothese die Fortentwicklung des organischen Reiches bis heute zu erklären sucht, ohne diese Fortentwicklung heute noch fortgehend zu finden.

Auch gewinnt unser Prinzip in Anwendung auf die Entfaltung des organischen Reiches in eine Mannichfaltigkeit von Organismen eine Unterstützung dadurch, daß jeder einzelne Organismus sich noch heute nach demselben Prinzip in eine Mannichfaltigkeit von Organen gliedert, nur mit dem Unterschiede, daß keine vollständige Trennung der differenzierten Teile stattfindet, und darum auch der Erfolg der Differenzierung keiner Korrektion durch einen entsprechenden Kampf der getrennten Teile um das Dasein bedarf, als sich für die Entwicklung des organischen Reiches nötig macht; indes es in nur beschränkterem Sinne an einer derartigen Korrektion doch auch nicht ganz fehlt, sofern von schon entwickelten Organen oder Organteilen vielfach einer auf Kosten des andern wächst und solchen wohl gar ganz verdrängt. Dieser Vorgang erscheint im Embryo der Zufälligkeit merklich entzogen, indes der Kampf um das Dasein in der Entwickelung des organischen Reiches als Korrektion von Unzweckmäßigkeiten erscheint, welche durch die Differenzierung unter zufälligen Umständen zufällig hervortreten, ein Unterschied, der aber bloß darin liegt, daß in der Entwickelung des Embryo einer gegebenen Spezies von Organismen durch die Vererbung immer dieselben Unzweckmäßigkeiten bezüglich des Fortbestandes des Organismus und hiernach auch dieselbe Korrektionsweise sich wiederholt, während verschiedene Spezies in so mannichfach wechselnde Verhältnisse zur Außenwelt und zu einander treten, daß die Unzweckmäßigkeiten als zufällig erscheinen.

Wenn ich oben klarheitshalber Spaltung und Differenzierung, Massen- und Keim-Differenzierung unterschieden habe, so ist doch eben so wenig eine strenge begriffliche Grenze zwischen bloßer Spaltung und Differenzierung, als zwischen Massen- und Keimdifferenzierung zu ziehen, indem durch immer geringere Unterschiede der geteilten Massen oder Keime von einander die Differenzierung sich in die bloße Spaltung verläuft, und nach Maßgabe als ein Mutterkörper relativ zu sich selbst immer kleinere differente Keime von sich abspaltet, die Massendifferenzierung in die Keimdifferenzierung übergeht.

Wie und in welchem Verhältnisse zu einander sich nun überhaupt die Differenzierungen und Spaltungen der Geschöpfe im ganzen Entwicklungsgange des organischen Reiches vollzogen und Massen- und Keimdifferenzierungen kombiniert oder einander abgelöst haben, darüber sind Vorstellungen bisher mehr Sache der Phantasie als eines sichern Schlusses. Nur sind wir jedenfalls gebunden anzunehmen, daß die Differenz der aus den Differenzierungen hervorgehenden Glieder im Laufe der Fortentwicklung des organischen Reiches immer mehr abgenommen hat, so daß sie jetzt nicht mehr bis zur Hervorrufung neuer von den Elterngeschöpfen und von einander wesentlich verschiedener Spezies reicht. Insbesondere muß man auch dahinstellen, wiefern die Differenzierungen gegebener Stufe sich mehr in zeitlich und räumlich zusammenhängenden Prozessen durch das ganze organische Reich oder in partiellen getrennten hier und da vollzogen haben; nur daß man aus allgemeinem Gesichtspunkte glauben kann, daß, je näher dem Ursprunge des organischen Reiches, so mehr sei das erste, je näher der Jetztzeit, so mehr das letzte der Fall gewesen.

In keinem Falle glaube ich, daß für den Gang der Differenzierung durch die ganze Ausdehnung und Sukzession des organischen Reiches sich je ein sehr einfaches Schema werde aufstellen lassen; weil die kosmorganischen Verhältnisse, wovon dieser Gang den Ausgang genommen, dazu unstreitig zu verwickelt und die verschiedenartigen Zustände zu unregelmäßig verteilt waren. Daß sie es aber von vorn herein waren, kann man aus ihren noch fortbestehenden Folgen schließen; ja man hat die Unregelmäßigkeit von Anfange herein viel größer, mehr ins Elementare als jetzt reichend, anzunehmen, weil die von Anfange herein den ganzen Entwicklungsgang beherrschende Tendenz zur Stabilität allmälig eine Ordnung und Gliederung in diese Verhältnisse und Zustände gebracht hat, die früher nicht bestanden haben kann, ohne es doch damit zur Ausgleichung der klimatologischen und meteorologischen Unregelmäßigkeiten zu bringen, die heute noch bestehen, und womit eben so große Unregelmäßigkeiten in der Verteilungsweise der organischen Geschöpfe zusammenhängen.

Was zwar die klimatologischen Verschiedenheiten betrifft, so haben dieselben erst merklich werden können, als die innere Erdwärme nicht mehr den Hauptanteil an der Erwärmung der Oberfläche, auf der die Organismen leben, hatte, und die dichte Nebelhülle, welche früher über Land und Meer liegen mochte, der Heiterkeit des Himmels Platz machte, und unstreitig traten hiermit auch Änderungen in der organischen Welt ein. Aber hiervon hätten wir bloß regelmäßig geordnete und regelmäßig auseinanderfolgende Änderungen erwarten können, wenn nicht uranfängliche Gründe der Unregelmäßigkeit vorhanden gewesen waren.

VII. Prinzip der abnehmenden Veränderlichkeit.

Im Ganzen herrscht jetzt sowohl in Betreff der Entwicklung der ganzen Erde als der organischen Geschöpfe auf ihr insbesondere die Ansicht vor, daß dieselben Kräfte, welche in dieser Beziehung noch heute tätig sind, von jeher tätig waren und umgekehrt. Indes abgesehen davon; daß man, nachdem die kosmorganischen Bewegungen ihre Wirkung in Bildung organischer und unorganischer Moleküle erschöpft haben, nichts mehr auf sie betreffs neuer Bildung derselben rechnen kann, hat man auch den molekular – organischen Kräften keineswegs mehr dieselbe Wirksamkeit wie früher zur Hervorrufung neuer organischer Bildungen beizulegen, nachdem sie nach dem Prinzip der Tendenz zur Stabilität schon zu approximativ stabeln Zuständen in dieser Hinsicht geführt haben. Allerdings können diese Zustände nur insofern als Endzustände gelten, als zugleich die der Außenwelt es sind, mit Bezug zu welchen die approximative Stabilität der organischen Zustände besteht; aber gleichviel, ob in dieser Hinsicht das Ziel erreicht ist, so ist doch seit den Urzuständen der Erde eine erhebliche Annäherung daran erfolgt, und können wir Veränderungen von einer Größe und Art, wie sie früher in der organischen und unorganischen Welt leicht und möglich waren, wo das Ziel noch ferner lag, jetzt nicht mehr eben so leicht und möglich finden.

Also waren in der organischen Welt wie in der unorganischen unstreitig alle Verhältnisse überhaupt von Anfange herein labil, beweglich, und statt daß sich dieselben organischen Formen immer von Generation zu Generation wiederholten, mochten sie sich erst stark von einer Generation zur andern, dann von einer Epoche zur andern immer in Zusammenhang mit den erst starken, dann allmäligen Änderungen der unorganischen Außenwelt ändern, bis mit deren sich fester stellender Gliederung und Entwickelung fester meteorologischer Kreisläufe auch die Gliederung und Wiederholung der Glieder der organischen Geschöpfe eine festere Gestalt gewann.

Zwar kann man gegen das hiermit aufgestellte Prinzip einer mit der Zeit fortschreitenden Abnahme der Veränderlichkeit der Organismen einen Einwand aus geologischen Tatsachen ziehen, der jedoch keineswegs durchschlägt. Die sedimentären Schichten, welche man nach dem Charakter der darin enthaltenen organischen Reste unterscheidet, sind im Allgemeinen um so dicker, je älter sie sind, und nimmt man die Zeit, welche zu ihrer Ablagerung diente, ihrer Dicke proportional, so würde derselbe Charakter der Organisation sich durch um so längere Zeit erhalten haben, je weiter man in der Zeit zurückgeht. Aber jene Annahme hat selbst nichts für sich. Vielmehr waren unstreitig die verwitternden, ab- und aufschwemmenden Einflüsse um so mächtiger und gab die Erdkruste bei noch größerer Wärme diesen Einflüssen um so leichter nach, je weiter man in der Zeit zurückgeht, so daß selbst abgesehen von der im 10. Abschnitt aufzustellenden geologischen Hypothese, welche eben dahin zielt, früherhin Schichten von größerer Dicke als jetzt in gegebener Zeit abgelagert werden konnten.

Auch scheint mir eine größere Variabilität der organischen Bildungen in früherer Zeit als jetzt insofern ein fast wesentliches Ingredienz der Deszendenzansicht; als man nach. dieser Ansicht den Entwicklungsgang des einzelnen organischen Geschöpfes als das ins Kurze gezogene Bild des Entwicklungsganges der ganzen organischen Welt oder als ein Zurückkommen Seitens des Individuums auf diesen Entwicklungsgang betrachtet. Auch der Embryo aber zeigt verhältnismäßig um so raschere und größere Veränderungen, je näher er seinem Ursprunge ist. Und kann man schon nicht schlechthin leugnen, weil die Möglichkeit der Berechnung fehlt, daß die gewaltigen Veränderungen, welche von den Organismen im Laufe der Entwickelung des ganzen Reiches durchschritten sind, nicht auch ohne Zuziehung einer früher stattgehabten größeren Variabilität durch eine Zeitlänge von Milliarden von Jahren möglich wurden und nur jetzt nicht mehr möglich scheinen, weil dazu neue Milliarden von Jahren gehören würden; so wird man es immerhin als einen Vorteil ansehen können, wenn man mit geringeren Zeitkosten und auf leichteren Vorstellungswegen zu demselben Resultate gelangt.

Wenn man von einer Unveränderlichkeit der Naturkräfte spricht und sich deshalb scheut, für die Vorgänge der Jetztzeit andere Kräfte in Anspruch zu nehmen, als für die der Vorzeit, so hat man freilich Recht; aber was würde man sagen, wenn Jemand nach dem Prinzip der Unveränderlichkeit der Kräfte annehmen wollte, daß ein Stein, der am Ende seiner Fallzeit 100 Fuß in der Sekunde durchlaufen ist, auch in der ersten Sekunde eben so viel durchlaufen habe. Vielmehr liegt im Gesetze des Falles selbst, daß er Anfangs weniger durchlaufen hat. Und so sollte man jedenfalls die Möglichkeit, daß im Gesetze organischer Entwickelung umgekehrt eine allmälige Verlangsamung dieser Entwickelung liege, im Auge behalten und, da man sie nicht nach der Beobachtung des ganzen organischen Reiches entscheiden kann, nach der Beobachtung seiner Glieder mit Rücksicht auf das Prinzip der Tendenz zur Stabilität mindestens nach Wahrscheinlichkeit entschieden halten.

In Abhängigkeit vom Vorigen steht eine Hypothese von sehr allgemeiner Tragweite, die in der Tat ohne die Annahme, daß die Organisation in früheren Zeiten variabler gewesen als jetzt, keinen Halt haben würde, und die es genügen mag an einem speziellen Beispiele zu erläutern.

Der Hahn hat Sporen an den Füßen, eine Federmähne, einen hohen roten Kamm. Man erklärt die beiden ersten Einrichtungen nach dem Prinzip des Kampfes um das Dasein dadurch, daß Hähne, an denen dergleichen sich zufällig ausbildete, durch die Sporen ihren Gegnern im Kampfe überlegen und durch die Mähne besser gegen deren Bisse geschützt wurden; also den Platz auf dem Felde des Kampfes behielten. Aber unstreitig hätte man lange auf das Eintreten solcher Zufälligkeiten warten müssen, und wenn man bedenkt, daß bei allen andern Tieren ähnliche Zufälligkeiten angenommen werden müßten, um das Zustandekommen ihrer Zweckeinrichtungen zu erklären, so wird der Vorstellung schwindeln. Ich denke mir vielmehr, als die Organisation noch leichter veränderlich war, vermochte das psychische Streben, dem Gegner im Kampfe tüchtig zuzusetzen, sich vor seinen Angriffen zu schützen, und der Zorn gegen ihn, die noch heute den Sporen in Tätigkeit setzen, die Federmähnen sträuben und den Kamm schwellen machen, diese Teile durch demgemäße Abänderung, der Bildungsprozesse wenn nicht an den fertigen Hähnen hervorzutreiben, aber die Anlage dazu den Keimen und hiermit den Nachkommen einzupflanzen, wobei ich natürlich die psychischen Bestrebungen und Zustände nur als die inneren Erscheinungen der physisch organischen ansehe, wovon jene Umbildungen abhingen, das ganze Spiel der psychischen Antriebe mit ihrer physischen Unterlage aber durch das allgemeine

Prinzip der Tendenz zu stabeln Zuständen verknüpft halte, ohne eine speziellere Erklärung zu versuchen. Jetzt freilich vermöchte die stärkste Erbosung eines Hahnes keinen neuen Sporen und Kamm hervorzutreiben, weil sie eben schon hervorgetrieben sind, und die ganze Organisation auf einen approximativ stabeln Zustand in sich und in Verhältnis zur Außenwelt gelangt ist; obwohl wahrscheinlich doch eine Verstärkung des Sporen und Kammes im Läufe der Generation böser Hähne noch dadurch möglich ist.

VIII. Verschiedene Entwicklungsverhältnisse des organischen Reiches, welche unter Voraussetzung seines kosmorganischen Ursprunges eine wesentlich andere Auffassung als bisher erfordern.

1) Da in den pflanzentierischen protoplasmatischen Geschöpfen weder eine Differenzierung in Pflanze und Tier noch in verschiedene Geschlechter schon eingetreten ist, so kann man leicht geneigt sein, den Zustand, dieser Geschöpfe als denjenigen anzusehen, von dem die Differenzierung des molekular – organischen Reiches ausgegangen ist. Auch ohne Rücksicht auf das Prinzip der bezugsweisen Differenzierung ist man ja allgemein geneigt, im Protoplasma den Urstoff aller organische Entwickelung zu sehen. Viel wahrscheinlicher jedoch scheint es mir, daß wir darin vielmehr einen von aller Differenzierung und frühern Fortentwicklung rückständigen Rest zu sehen haben, der für sich allein gar keiner höheren Fortentwicklung fähig ist, als die er in den pflanzentierischen Organismen schon erfahren hat, und der zwar in alle organischen Keime und höheren Organismen konstituierend mit eingeht, zur Bildung ihrer Struktur, zur Ernährung und zum Wachstum derselben hilft, indem er dazu schon mehr als bloß unorganischer Stoff vorbereitet ist, aber doch so wenig, als dieser ohne organisierende Kräfte, welche sein eigenes Vermögen übersteigen, zur Organisation überhaupt zu führen vermag, zu einer höheren Organisation zu führen vermochte.

Jedenfalls muß man sehr die Natur eines organischen Stoffes unterscheiden, der sich durch alle Entwicklungsepochen der Erde hat in derselben einfachen Struktur zu reproduzieren vermocht, von organischen Stoffen, welche in Abänderung ihrer Struktur der Entwickelung der Erde zu folgen vermochten. Wäre das Protoplasma von heutiger Beschaffenheit überhaupt zu höheren organischen Entwicklungen fähig, ohne schon in solche einzugehen, so sollte es sich erstens schon seit der unvordenklichen Zeit, von der die Entwicklung des organischen Reiches datiert, höher entwickelt haben, und es somit keine selbstständigen protoplasmatischen Geschöpfe mehr geben; zweitens seine Fähigkeit zu höherer Fortentwicklung noch jetzt beweisen; und jedenfalls hätte man eben so viel Anlaß,

Versuche darüber anzustellen, als über die generatio aequivoca, um die jetzt herrschende Ansicht von der Rolle, welche das Protoplasma in der Entwicklung des organischen Reiches spielen soll, aufrecht zu halten, Versuche, die wahrscheinlich eben so verunglücken würden. Schlimm aber, wenn die ganze Entwicklungslehre auf Voraussetzungen fußt, deren Anerkennung von der Erfahrung standhaft verweigert wird. Ich gebe zu, daß man diese Voraussetzungen dennoch aufrecht halten muß, wenn es keinen andern Weg gibt, diesen Entwicklungsgang in seinen Anfängen zu repräsentieren, leugne aber mit Vorigem, daß dies der Fall ist.

2) Die Ansicht, daß die ganze Entwicklung des organischen Reiches von einem protoplasmatischen Zustande ausgegangen sei, trifft wesentlich mit der Ansicht zusammen, daß sie von kleinsten Keimen oder einfachsten Geschöpfen, als wie den protoplasmatischen Moneren, ausgegangen sei, und nach der Voraussetzung eines unorganischen Ursprunges des Organismen kann man in der Tat nicht wohl auf eine andere Ansicht als diese kommen; denn natürlich müßten sich die zufälligen Bedingungen für die erste Entstehung kleinster und einfachst konstituierter Organismen im unorganischen Reiche leichter zusammenfinden, als für die Entstehung größerer und zusammengesetzterer Geschöpfe, und überhaupt läßt sich der ganze Entwicklungsgang unter jener Voraussetzung nicht anders als von solchem Ausgangspunkte konsequent darstellen.

Hiergegen steht in eben so wesentlicher Abhängigkeit von der Voraussetzung des kosmorganischen Ursprunges der Organismen die Ansicht, daß der Ausgang der Entwickelung von einem einzigen gewaltigen Geschöpfe von verwickeltster Struktur stattfand, welches von vorn herein durch Differenzierung und Spaltung zu einer großen Mannichfaltigkeit von Geschöpfen von verschiedener Struktur als Stammeltern der heutigen führte.

In der Tat ist hiernach das kosmorganische System selbst als das einheitliche Urgeschöpf zu betrachten, von dessen innerlich verwickelten Verhältnissen und Bewegungen alle Differenzierung und Spaltung den Ausgang genommen. Aber auch das durch erste bezugsweise Differenzierung desselben im Ergänzungsverhältnisse zum molekular – unorganischen Reiche hervorgehende molekular – organische dürften wir von Anfange herein unter dem einheitlichen

Gesichtspunkte eines Geschöpfes, mit entsprechender Verwickelung der inneren Konstitution, als dem kosmorganischen Reiche
zukam, aufzufassen haben. Denn die Verkleinerung der Bewegungen, wodurch der Übergang des kosmorganischen Systems in ein
Molekularsystem geschah, konnte doch unmittelbar keinen andern
Erfolg haben, als daß der kosmorganische Verband aller Teilchen,
der durch die größeren Bewegungen hergestellt war, sich in einen
Molekularverband durch kleinere Bewegungen verwandelte; ohne
daß man sieht, worin ein Grund zu einer uranfänglichen Trennung
des organischen Verbandes gelegen haben könnte. Denn wenn
schon nicht nur möglich sondern sogar wahrscheinlich ist, daß in
die molekular – organischen Zustände sich unmittelbar mit entstandene oder bald daraus entstandene unorganische eingemischt
haben, so würde es doch eine ganz willkürliche Annahme sein, daß
diese Einmischung in Form fester, den organischen Verband tren-
nender Scheidewände geschehen sei, vielmehr konnte man darin
von vorn herein nur einen Mischverband zwischen organischen
und unorganischen Zuständen sehen, wie noch heute solche Misch-
verbände ohne Trennung des organischen Verbandes bestehen (vgl.
Abschn. I) .

Lassen wir nun für die kosmorganischen Bewegungen von vorn
herein keine andern beschränkenden Bedingungen gelten, als die in
der Natur der Kräfte, von denen sie abhängen, liegen, indes wir die
Ur-Anordnung und Ur-Impulse der Teilchen aufs Mannichfachste
variiert denken, so wird sich die hiervon abhängige Mannichfaltigkeit und Verwickelung kosmorganischer Zustände natürlich auf die
unmittelbar daraus hervorgehenden molekular – organischen übertragen, und wir demgemäß anzunehmen haben, daß sich von vorn
herein zahllos verschiedene, nur mit der allgemeinen Natur molekularer Kräfte verträgliche Arten organischer Moleküle und Arten
des Verbandes derselben unter einander und mit den unorganischen Molekülen in chaotischer Zusammensetzung und Auseinanderfolge aus dem kosmorganischen Zustande hervorgebildet haben,
und erst allmälig vermöge der Tendenz zur Stabilität bestimmte
Kreisläufe und periodische Bewegungen in diesem Chaos entstanden, kleinere Perioden sich größeren einbauten, und die Massen
sich so differenzierten, teilten und gleichartige Moleküle so grup-

pierten, daß dem Prinzip jener Tendenz möglichste Genüge geschahe.

Unstreitig nun trat mit der zuletzt oberhalb des heißflüssigen Kernes erfolgenden klaren Auseinandersetzung des unorganischen Reiches in ein Reich des Festen, Tropfbaren und Luftigen unmittelbar auch die zugehörige Differenzierung des organischen Reiches in verschiedene, zu jenen Reichen in verschiedener Beziehung stehende, Reiche ein, und zerfielen diese organischen Reiche, nach Maßgabe, als die Bedingungen des Zusammenhanges in einem jeden schwanden, in verschiedene Bestandstücke, Geschöpfe, die eben deshalb von einfacherer Konstitution als der allgemeine Mutterstock oder die Mutterstöcke, woraus sie hervorgingen, waren, weil sich deren Verwickelung in diese Bestandstücke auseinandersetzte, aber auch einen einfacheren Bau zeigten, als die im Laufe der Entwickelung des organischen Reiches daraus hervorgegangenen höheren Geschöpfe, sofern sie in ihrer molekularen Struktur erst die Anlage zur Differenzierung in deren unterscheidbare Glieder, Organe, organische Systeme in analoger Weise einschlossen, als dies noch heute von den Keimen verschiedenartiger Geschöpfe gilt. Möglich daher auch, daß sie wie diese sich von vorn herein äußerlich viel ähnlicher darstellten, als die später daraus entwickelten Geschöpfe, indes sie doch ebenso wie die Keime schon die Bedingungen der verschiedenartigen Entwicklung in sich trugen.

Nun gehörten zur Entwicklung und selbst einfachen Forterhaltung in einer Nachkommenschaft außer den innern Bedingungen der ersten Geschöpfe auch angemessene äußere Bedingungen, welche sie bis zu gewissen Grenzen unmittelbar darin fanden, daß sie durch bezugsweise Differenzierung aus dem kosmorganischen Reiche im direktesten Ergänzungsverhältnisse zu eben den Teilen des unorganischen wie organischen Reiches hervorgingen, mit denen sie kosmorganisch verschmolzen waren oder unmittelbar zusammenhingen, und nach der Trennung in nächster Beziehung blieben. Auch reichen unstreitig die allgemeinsten Bedingungen bezugsweiser Erhaltung der heutigen Geschöpfe bis zu dieser Entstehungsweise zurück, ohne doch überall zureichend für die Forterhaltung oder Fortentwicklung der ersten Geschöpfe gewesen zu sein. Und so mochten von diesen viele im Kampfe um das Dasein mit andern, welche günstigere Bedingungen für ihre Forterhaltung fanden, wieder untergehen, andre fortbestehen und sich fortpflanzen, ohne es wegen verhältnismäßig zu homogener Konstitution zu einem entschiedenen Zellenbau und hiermit zu einer höhern Fortentwicklung, welche erfahrungsmäßig durch einen solchen durchzuschreiten hat, bringen zu können, noch andere endlich, welche die Anlage zu höherer Fortentwicklung in komplexeren molekularen Zuständen einschlossen, sich im Fortschritte der Entwickelung des organischen Reiches teils in eine Organisation von unterscheidbaren Gliedern, Organen, organischen Systemen entfalten, teils selbst in verschiedenartige im Ergänzungsverhältnisse zu einander stehende Geschöpfe differenzieren.

3) Weiter hängt mit der herrschenden Ansicht vom unorganischen Ursprunge der Organismen die Ansicht zusammen, daß die Bevölkerung der Erde mit Organismen von einem oder wenigen Zentris, wo sich gerade günstige Bedingungen zur Entstehung derselben zusammenfanden, ausgegangen, mithin um so sparsamer war, je näher der Urzeit; wogegen aus unsern bisherigen Betrachtungen auf Grund der Ansicht vom kosmorganischen Ursprunge der Organismen vielmehr folgt, daß die Verbreitung, Dichtigkeit und Üppigkeit der Entfaltung des organischen Reiches über der Erde von vorn herein jedenfalls nicht geringer gewesen ist, als heute; vielmehr kann sie nicht nur nach paläontologischen Tatsachen, sondern auch nach dem Prinzip der Tendenz zur Stabilität heute als geringer angesehen werden, sofern ein Wachstum des unorganischen Reiches auf Kosten des organischen im Sinne dieses Prinzipes ist.

Wenn nach der herrschenden Ansicht die Organisation der Geschöpfe in der Urzeit überhaupt noch nicht in so große Verschiedenheiten aus einander gegangen war und insbesondere auch nach klimatischen Verhältnissen noch keine so großen Verschiedenheiten darbot, als heute, so wird Letzteres unstreitig zuzugestehen sein, weil die klimatischen Verschiedenheiten sich selbst erst allmälig ausbilden konnten, stimmt auch mit den Ergebnissen der Paläontologie. Was aber Ersteres anbelangt, so werden wir allerdings die Mannichfaltigkeit der Entwickelung zu verschiedenartigen höhern Geschöpfen auch mit dem Fortschritte der Zeit als wachsend, hingegen nach den Bemerkungen unter voriger Nummer die Mannichfaltigkeit in verschiedenem Sinne molekular angelegter Geschöpfe in der Urzeit größer als jetzt anzusehen haben.

Wie schwer fällt es; sich z. B. die Entstehung eines brasilianischen Urwaldes vorzustellen, der nicht wie unsre Wälder bloß eine einzige oder wenige Spezies von Bäumen enthält, sondern die verschiedenartigsten unter einander, mit einem Gewirr von Schlinggewächsen, Orchideen u. s. w., mit Affen, Papageien, Schlangen, Schmetterlingen, Moskito's u. s. w., wenn all' das aus gleich angelegten Keimen auf demselben Boden, also wesentlich unter denselben Umständen hervorgegangen sein soll; woher sollen die Bedingungen zu so verschiedener Entwicklung gekommen sein? Nach unserer Auffassung ist der ganze Urwald bloß ein auseinandergelegtes und zur Entfaltung gediehenes Stück des kosmorganischen Systems, worin alle Verschiedenheiten jener Geschöpfe und noch mehr, als sich haben erhalten können, schon vorangelegt waren, wenn sie auch zum Teil erst durch spätere Differenzierung sich deutlich entwickelt haben.

4) Man macht der Deszendenzlehre nach der seitherigen Ausführungsweise derselben den Einwurf, daß danach zwischen den verschiedenen Spezies der Organismen so zu sagen kontinuierliche Übergänge zu erwarten wären, statt der sprungweisen Verschiedenheit; die sich zumeist zeigt, da die abändernden Bedingungen im Allgemeinen kontinuierliche Abänderungen zeigen. Denn fehlt es schon hier und da nicht an Übergängen, welche die Unterscheidung der Spezies zweifelhaft machen, so sind sie doch mehr Ausnahmen als Regel, indes man das Umgekehrte erwarten sollte. Nun sucht man diesem Einwurfe dadurch zu begegnen, daß der Kampf um das Dasein zwischen den Verwandten stärker als zwischen den Nichtverwandten sei, so daß endlich nur letzte übrig bleiben müssen. Und in der Tat, nehmen wir z. B. zwei verwandte Pflanzenspezies, die ziemlich dieselben Nahrungsstoffe aus dem Boden brauchen, so wird der durch die eine ausgesaugte Boden nicht zugleich oder nicht mehr zur Ernährung der andern dienen können, indes er noch recht wohl zur Ernährung einer ganz anders gearteten Spezies dienen kann; wonach die Verhältnisse vorteilhafter für den Zusammenbestand der nicht verwandten als verwandten Spezies liegen. Aber es scheint mir, daß man mit dieser Betrachtung zu viel und damit im Grunde das Gegenteil von dem beweist, was zu be-

weisen ist. Denn wenn Individuen verwandter Spezies in stärkerem Kampfe um das Dasein begriffen sind als nicht verwandte, so müssen aus gleichem Grunde Individuen derselben Spezies in stärkerem Kampfe begriffen sein als bloß verwandte, also Individuen verwandter Spezies, wenn auch in Nachtheil gegen die Individuen nicht verwandter, doch in Vorteil gegen Individuen derselben Spezies sein; und man wird also statt der unzähligen Individuen derselben Spezies eben so viel Individuen verwandter Spezies zu erwarten haben.

Diese Schwierigkeit der Deszendenztheorie fällt nach unserer Auffassung des Ursprunges der Organismen weg, weil man danach alle Spezies, die keine deutlichen Übergänge zwischen einander zeigen, als von verschiedenen Urgeschöpfen, in die das molekular – organische Reich zerfallen ist, sei es unmittelbar, sei es mittels späterer bezugsweiser Differenzierung, abhängig denken kann. Das große Widerstreben, was viele Naturforscher hegen, die verschiedenen Spezies der organischen Geschöpfe im Sinne der heutigen Deszendenzlehre mit Spielarten derselben Spezies unter prinzipiell gleichen Gesichtspunkt zu fassen, fände hiermit seine volle Rechtfertigung; und die Schwierigkeit, verschiedene Spezies zu einer fruchtbaren Fortpflanzung mit dem Resultate einer neuen Spezies zu bringen, ihre Erklärung.

Man darf nicht einwenden, daß im kosmorganischen System so gut alle mögliche Übergangsstufen zwischen den Anlagen der einzelnen Spezies als später zwischen diesen selbst erwartet werden müßten. Dies wäre bloß dann der Fall, wenn wirklich ein Prinzip, was eine Verwandtschaft der Anlagen darin begründete, angenommen werden müßte, was nach unsern Voraussetzungen nicht der Fall, sofern wir uns die Verteilungs- und Bewegungsweise der Stoffe im kosmorganischen System von vorn herein durch keine andern Bedingungen als die allgemeine Natur der materiellen Kräfte beschränkt denken. Denn hiernach werden außer den Uranlagen zu den verschiedenen Spezies, die wir jetzt beobachten, allerdings auch alle mögliche, d. i. unendlich viele, Übergangsstufen gedacht werden können, aber zwischen den Anlagen zu einer bloß endlichen Zahl von Geschöpfen doch nicht alle verwirklicht sein und beim Zerfall in diese Geschöpfe zum Vorschein kommen können.

Inzwischen ist damit doch nicht gesagt, daß nicht in der Natur der materiellen Kräfte selbst und dem in letzter Instanz davon abhängigen Prinzip der Tendenz zur Stabilität, was schon im kosmorganischen System vor Ausgeburt der Organismen eine gewisse Wirkung geäußert, gewisse Gemeinsamkeiten und Verwandtschaftsverhältnisse der Formen, des Baues, der Funktionen der Geschöpfe, wie wir solche selbst zwischen verschiedenen Spezies doch auch beobachten, von vorn herein begründet sein konnten.

IX. Abstammung des Menschen.

Was man als Konsequenz der Deszendenzansicht notwendig hinnehmen muß, ist, daß der Mensch, anstatt von vorn herein und auf einmal im heutigen oder in einem noch vollkommeneren Zustande geschaffen zu sein, vielmehr von einfachen Anfängen an durch eine lange Reihe von Generationen hindurch höhere und immer höhere Entwicklungsstufen, die zoologisch von tierischen nicht zu unterscheiden, durchlaufen habe, bis er zur Menschenwürde gelangte, und auch auf dieser Stufe nur allmälig von sehr niederer zu höherer Bildung vorgeschritten sei. Inzwischen hat man schon anderwärts darauf hingewiesen: wenn doch nichts Anstößiges darin gefunden wird — und was hilft es, wenn es darin gefunden werden sollte, es ist so — daß der Mensch im Mutterleibe vom Zustande einer einfachen Zelle an wesentlich dieselben Stufen als die unter ihm stehenden Tiere durchläuft, um nur zuletzt über alle hinausschreitend als Mensch hervorzutreten, aber auch dann vom sinnlichsten Kindeszustande anfangend erst allmälig sich zur höheren Bildung des Erwachsenen zu erheben, warum sollte es anstößig erscheinen, wenn die Entwickelung des Menschengeschlechts im Ganzen ganz denselben Gang genommen, und derselbe Plan hier nur in langer Zeit im Großen durchgeführt worden ist, den wir noch heute bei jedem Einzelnen im Kleinen und in der Kürze durchgeführt sehen. Nun freilich möchte Niemand gern von einem Affen oder doch affenähnlichen Geschöpfe abstammen, wie Letzteres die heutige Deszendenzlehre verlangt; aber auch das wird sich nicht aus ihr wegbringen lassen, daß die Entwicklungsstufen, welche der Mensch zu durchlaufen hatte, ihn vor Erreichung der jetzigen Stufe den Affen aus dem Gesichtspunkte zoologischer Charaktere so gut näher stellten, als irgend einem andern Geschöpfe, wie das noch heute nach der Erreichung der Fall ist; denn das läßt sich auch nicht wegbringen; nur sieht man wieder nicht ein, warum man vor der vorher bestandenen Ähnlichkeiten erschrecken sollte, wenn man sich mit der jetzt bestehenden, die nur die Fortsetzung von jener ist, abzufinden weiß, jedenfalls abzufinden suchen muß; und ich meine, daß man sich mit jener in entsprechender Weise abfinden kann.

Notwendig wird durch alle Stufen, die der Mensch im Entwicklungsgange des ganzen organischen Reiches durchlaufen hat, seine

Entwicklungsfähigkeit zur heutigen geistigen Höhe stillschweigend eben so durchgegangen sein, als sie noch heute durch die Entwicklungsstufen des menschlichen Embryo durchgeht, indes den Voreltern der Affen eine höhere Entwicklungsfähigkeit faktisch eben so abgegangen ist, als sie noch heute ihren Embryonen abgeht.

Hiernach aber hätten wir trotz der äußeren Ähnlichkeit mit den Affen, die wir uns noch heute gefallen lassen müssen, doch in keiner Periode eine Ebenbürtigkeit mit den Affen anzuerkennen. Möglich zwar, daß die Ahnen der Menschen und Affen erst durch eine spätere als die allererste Differenzierung des Mutterstockes aller Organismen in gesonderte Stämme auseinandergegangen sind, wie noch heute geistig begabte und blödsinnige Kinder von denselben Eltern stammen können; dann aber hat man doch die blödsinnigen oder ihnen gleich geltenden Kinder nicht als Stammeltern der geistig begabten anzusehen, wie man tut, wenn man die Affen oder mit den Affen vergleichbare Geschöpfe als Stammeltern der Menschen ansieht.

Man macht für die Stammverwandtschaft des Menschen mit den Affen geltend, daß es noch heute Volker gibt, die aller Versuche, sie auf eine höhere Kulturstufe zu heben, gespottet haben, und hierdurch wie durch ihren körperlichen Bau sich als Übergangsstufen zum Affen darstellen. Aber wenn die günstigste Kombination von Erziehungsmitteln diese Völker heute nicht höher zu heben vermag, wie will man der Natur zutrauen, daß sie es jemals vermochte, daß also die höher begabten Racen von solchen Racen oder den noch niedern Affen abstammen? Vielmehr werden die einer höheren Entwickelung unfähigen Racen so gut als die Affen sei es aus der ersten oder einer späteren Differenzierung hervorgegangene Seitenlinien der höheren Racen sein.

Also wird man überhaupt annehmen dürfen, daß es durch die ganze Entwicklung des organischen Reiches hindurch Geschöpfe gegeben hat, welche, ohne schon die heutige Entwicklung des Menschen erreicht zu haben, doch in ihrer physisch – psychischen Organisation die Fähigkeit einschlossen, sich dazu fortzuentwickeln, ohne dabei die zur höhern Fortentwicklung überhaupt unfähige Stufe des Affen oder eines dem Affen gleich zu achtenden Geschöpfes zu durchschreiten. Vielmehr wird man die Affen als im Wege

der Differenzierung des organischen Reiches abgespaltete Neben-
produkte des Menschen, und die niedern Menschenracen als solche
bezüglich der höheren Racen zu betrachten haben.

X. Einige geologische Hypothesen und paläontologische Phantasien.

l) Im Allgemeinen nimmt man an, daß die feste Erdkruste sich durch fortgehende Erstarrung des glühend flüssigen Kernes, von Außen nach Innen an Dicke zunehmend, gebildet habe, und unterscheidet Urgebirgsmassen als ursprüngliche Produkte dieser Erstarrung und neptunische oder sedimentäre Massen als solche, welche aus diesen Massen durch Verwitterung, Zertrümmerung, Ab- und Aufschwemmung hervorgegangen sind. Nun gestehe ich, nicht geologische Kenntnisse genug zu haben, um beurteilen zu können, ob folgender Modifikation dieser Ansicht, die mir manche Vorteile darzubieten scheint, erhebliche Schwierigkeiten entgegenstehen, denen dieselbe dann allerdings zu weichen hätte.

Unstreitig geschah die Bildung des glühend flüssigen Kernes der Erde nur sehr allmälig durch Niederschlag und Verdichtung aus der kosmorganischen Urmasse; indem sie mit größter Verdichtung um den Schwerpunkt begann. Je mehr sich der Kern vergrößerte, desto mehr nahm zugleich die Verdichtung und Glut der neu zugefügten Schichten ab; also konnte er sich nur so lange vergrößern, bis die Ausstrahlung mit der zum Schmelzen nötigen Erhitzung ins Gleichgewicht kam; und indem die Ausstrahlung des ganzen Systems fortging, indes die Erhitzung durch die Verdichtung nach Außen hin immer mehr abnahm, begann die Erstarrung. Aber der Zeitpunkt der beginnenden Erstarrung konnte erheblich eher eingetreten sein, als schon alle der Verdichtung zur festen Masse fähige Materie aus den vom Zentrum entfernten Regionen des Systems sich auf den Kern niedergeschlagen hatte; und so meine ich, daß, während die Dicke der festen Kruste von Außen nach Innen wuchs, nicht nur tropfbares Wasser sondern auch, und zwar wohl noch früher als dieses, feste Substanzen, aber nicht in geschmolzenem sondern lockerem Aggregatzustande sich nach Außen auf die Erdkruste ablagerten, und wegen ihrer Lockerheit nicht nur den Fluten des Wassers leichtes Spiel machten, sie hier und da abzuschwemmen und wieder aufzuschwemmen, sondern auch den Pflanzen einen zur Einwurzelung vorbereiteten Boden gewährten; dies die neptunischen oder sedimentären Schichten.

Eine gewisse Erleichterung, sich zur vorigen Auffassung zu bequemen, kann man vielleicht darin finden, daß sogar noch heute feste kosmische Masse aus den himmlischen Räumen, freilich in verhältnismäßig seltenen Bruchstücken, den Sternschnuppen und Feuerkugeln nämlich, auf die Erde herabregnet und die feste Masse derselben kontinuierlich vermehrt. In einem Referate über den jetzigen Stand der Sternschnuppen- und Kometenlehre (Europa 1873. Nr. 9) lese ich: "Man hat berechnet, daß von solchen Meteoren (Sternschnuppen und Feuerkugeln), welche dem unbewaffneten Auge in einer hellen Nacht ohne Mondschein sichtbar werden, jährlich nicht weniger als 7½ Millionen in unsern Luftkreis eintreten, und daß mit Hinzurechnung derjenigen, welche durch das Fernrohr wahrnehmbar werden, die Summe auf 400 Millionen steigt.... Die hunderte von Millionen, die in unsrem Luftkreise verbrennen, vermehren das Gewicht der Erde durch ihre Asche in 3 Jahren um 1000 Tonnen."

Nun sind allerdings die Meteore dieser Art dem irdischen System an sich fremdartige Massen, welchen dies System bloß bei seinem Gange durch den Weltraum begegnet und welche wegen der Schnelligkeit der Bewegung durch die Luft in Glut geraten und zum Teil verdampfen, indes es sich vorhin um einen langsamen Niedergchlag von fester, unserm System selbst angehöriger, Materie handelte; also findet in diesen Beziehungen keine reine Vergleichbarkeit statt; indes läßt sich denken, daß, wenn die Erde noch heute so viele feste Materie auf ihrer Bahn aufzusammeln findet, auch an ihrem Umfange selbst durch lange Zeiten ihrer Bildung hindurch Stoff dazu vorhanden und allmälig niedergeschlagen worden sein kann.

2) Hergebrachterweise stellt man sich vor; daß, als die Oberfläche der festen Erdkruste kalt genug geworden war, um tropfbares Wasser auf sich zu dulden, und in Folge dessen sich Wasser darauf niederschlug, die ganze Erde sich in Zusammenhang mit einem Meere umgab, aus dem erst später Land durch hier und da erfolgende partielle Hebungen emporstieg. Inzwischen sehe ich keinen Grund, warum solche partielle Hebungen der festen Erdkruste nicht schon erfolgt sein sollten, während sie noch zu heiß war, um tropfbares Wasser auf sich zu dulden, da unstreitig unregelmäßig hie und da auf die Kruste wirkende hebende, sie wohl selbst brechende und

aufrichtende, Kräfte um so leichter angenommen werden dürfen, je mehr man in die Urzeit zurückgeht, und die Hebung und Zerbrechung selbst um so leichter sein mußte, je dünner die feste Erdkruste noch war; hiernach aber konnten von vorn herein aus dem sich niederschlagenden Meer Höhen herausragen und würde wenigstens von hier aus keine Schwierigkeit bestehen, die ersten Landgeschöpfe mit den ersten Seegeschöpfen zugleich gebildet zu denken. Wenn aber doch in den ältesten geologischen Schichten nur Reste von Seegeschöpfen gefunden werden, so ist dies kein Gegengrund gegen eine solche gleichzeitige Bildung, da anerkanntermaßen überhaupt ein größeres Hindernis für die Erhaltung der frühesten Landgeschöpfe als Seegeschöpfe bestanden hat. Indem nämlich Hebungen und Senkungen des Bodens früher wie noch heute und unstreitig früher noch viel mehr als heute wechselten, wurden die Reste der Landgeschöpfe bei der Senkung des Bodens unter das Meer zertrümmert und abgespült, indes die Reste der Seegeschöpfe sich bei Hebung des Bodens in den während der Senkung allmälig abgelagerten Sedimentschichten erhalten konnten. Bekanntlich erklärt man hieraus, daß in zwei über einander liegenden geologischen Schichten Reste von sehr verschiedenartigen Organismen vorkommen können, indem zwischen die Ablagerung dieser Schichten unter dem Meere eine Zeit der Hebung an dieser Stelle fiel, woraus sich keine organischen Reste erhalten haben.

3) Um in einem Gebiete, wohin der sichre Schluß nicht reicht, der Phantasie einigen Spielraum zu gönnen, so stelle ich mir unter Voraussetzung der ersten der vorigen Hypothesen vor, daß der feste Stoff sich von vorn herein auf die feste Erdkruste nicht als trockene rein unorganische Masse, sondern in Form eines mit organischer Substanz und organischer Bewegung durchsetzten dichten Schleimes (um diesen, der Anschaulichkeit dienenden, kurzen Ausdruck zu gebrauchen) niederschlug, in dessen erst abgesetzten Schichten der organische Stoff noch durch die Hitze der Erdkruste verbrannte, indes er in den später niedergeschlagenen Schichten bestandfähig blieb. Diese ganze dichte Schleimmasse hing von vorn herein zusammen. Durch die ersten lebendigen Zusammenziehungen derselben aber wurde die unorganische Masse ausgeschieden, und indem die Zusammenziehungen nach lokaler Verschiedenheit der Innern Konstitution der Masse ungleichförmig erfolgten und lokal ver-

schiedene äußere Trennungsbedingungen hinzutraten, spaltete und differenzierte sich die ganze organische Masse in größere und kleinere Geschöpfe, die sich zum Teil wohl noch weiter spalteten und differenzierten, und als Schaaltiere, Korallen, Pflanzen oder Voreltern solcher teils enger teils weniger eng mit der ausgeschiedenen unorganischen Materie verwachsen blieben und nach dem Prinzip bezugsweiser Differenzierung ergänzende Existenzbedingungen bereit fanden, ein jedes Geschöpf insbesondre mit einem besondern Teile des unorganischen Reiches.

Auch das Urmeer denke ich mir von vorn herein im Zusammenhange mit organischem Stoffe nur lockrer und loser, schwammoder netzartig, und das Luftmeer noch lockrer von einem zusammenhängenden organischen Bläschenschaum, durchwoben, hieraus das Wasser und die Luft wie vorhin das Erdreich durch die Zusammenziehung der organischen Materie selbst unter Zerreißen des Zusammenhanges derselben ausgeschieden, wonach von vorn herein kleinere und größere Geschöpfe insularisch im Meer schwimmen, wolkenartig in der Luft schweben und sich noch weiter spalten und differenzieren mochten, wobei schon zeitig, wenn nicht von Anfang herein, ein Infusorienstaub abgespaltet wurde.

Unter einer noch einheitlichem Gestalt stellt sich der Entwicklungsprozess der organischen Welt dar, wenn man sich ohne Rückgang auf eine vorgängige Trennung in drei Reiche vorstellt, daß es dasselbe einheitliche Geschöpf war, welches eine feste Schale und einen festen Boden nach unten ausschwitzte, das tropfbare Meer darüber aussonderte, und die Luft darüber ausatmete, und zuerst ein durch alle drei Reiche in organischem Zusammenhange durchgewachsenes Geschöpf darstellte, welches sich erst später teilte und differenzierte.

Freilich, in den paläontologischen Schichten findet man nichts von solchen Geschichten aufgeschrieben; aber reichen ihre nur in vereinzelten Buchstaben geschriebenen Schriftzüge überhaupt bis in den Anfang der Geschichte? Freilich nimmt man an, daß die Landtiere sich erst aus den Wassertieren und die Lufttiere am spätesten von allen entwickelten; aber ist man an diese Annahme durch die paläontologischen Tatsachen gebunden? Wohl, wenn sich die vorigen Phantasien, wofür ich sie nur gebe, nicht mit der Paläontologie vertragen sollten, worüber zu urteilen den gründlichem Kennern zusteht, so kostet es nichts, sie aufzugeben, und man mag dann den Anhalt für die Vorstellung, wie der Übergang vom kosmorganischen zum molekular – organischen Zustande geschehen sei, in andern Phantasien oder triftigeren Vorstellungen suchen, oder die Frage nach dem Genaueren dahinstellen. Nur um den Versuch eines solchen Anhaltes aber war es hier zu tun.

XI. Teleologische und psychophysische Verwertung des Prinzips der Tendenz zur Stabilität.

Sei die erste Anordnung der Teilchen der Erdmasse noch so unregelmäßig, wirr gewesen, ja denken wir uns die Teilchen nach Zufall mit der Hand in den Raum, den die Erde von Anfang an einnahm, gestreut, so wird doch durch das Wirken ihrer innern Kräfte und Mitwirken der Kräfte Seitens der andern himmlischen Massen nach dem Prinzip der Tendenz zur Stabilität die Erde notwendig mehr und mehr einem Zustande entgegengegangen sein und, sofern sie ihn noch nicht erreicht hat, ferner entgegengehen, von dem man nach populärem Ausdruck sagen kann, daß Alles möglichst gut darin zusammenpasst; und sollten in den andern himmlischen Massen die Teilchen beliebig anders als in der Erdsphäre verteilt gewesen sein, so werden sie doch nicht minder einem solchen Zustande entgegengegangen sein und ferner entgegengehen; ja nicht nur Alles möglichst in jedem Himmelskörper für sich zusammenpassen, sondern auch alle unter einander möglichst zusammenpassen. Denn was haben wir unter Zusammenpassen zu verstehen? Daß jeder Teil durch die Wirkung seiner Kräfte beiträgt, die andern und hiermit das Ganze in einen bestandfähigen, das ist aber eben in einen stabeln, Zustand zu versetzen und darin zu erhalten. Wir sprechen aber nur von möglichstem Zusammenpassen, weil im Allgemeinen nur eine Approximation an eine volle Stabilität erreichbar ist.

Das organische Reich unterliegt dem Entwicklungsgange im Sinne dieses Prinzips solidarisch mit dem anorganischen. Das kosmorganische Reich hat sich hiernach in ein möglichst zusammenpassendes organisches und unorganisches auseinandergesetzt oder vielmehr geht dem möglichst zusammenpassenden Verhältnisse fort und fort entgegen. Schon mit der ersten Auseinandersetzung war ein großer Teil der Anfangs bestandenen Verwirrung und ruhelosen Veränderlichkeit der Zustände gehoben, und noch heute arbeitet der Mensch die Erdoberfläche in dem Sinne weiter aus, und wird von Klima und Bodenverhältnissen dahin bearbeitet, daß die Verhältnisse zwischen Erde und Mensch immer stabler und hiermit immer zusammenpassender werden. Das organische Reich in sich aber hat sich nach demselben Gange in mehr oder weniger auf einander angewiesene Organismen auseinandergesetzt; das Prinzip der bezugsweisen Differenzierung und des Kampfes um das Dasein sind besprochenermaßen nur Hebel des Fortschrittes nach diesem Prinzip; indes das Prinzip der Vererbung die Erfolge des bisherigen Fortschrittes sichert.

Man darf nicht sagen, daß die Erreichung der vollen Stabilität in der Welt die Erreichung eines ewigen Stillstandes wäre, sondern nur die Erreichung des zusammenpassendsten, und darum zu keiner weiteren Veränderung Anlass gebendes; Bewegungszustandes in der Welt; und warum sollte sich das Passendste nicht in Ewigkeit wiederholen, wenn die ewige Wiederholung selbst das Passendste wäre. Nur kann ein Zustand, der zur ewigen Wiederholung führt, für die ganze Welt in keiner endlichen Zeit erreicht werden, und kann die ewige Wiederholung im Einzelnen nur insofern das Passendste sein, als sie in die des Ganzen hineintritt, wogegen kontinuierliche Änderungen des Einzelnen selbst dazu beitragen müssen, diesem Zustande des Ganzen approximativ entgegenzuführen.

Für den Begriff des Zusammenpassens und da hineintretenden Passens in vorigem Sinne können wir einen anderen damit zusammenhängenden Begriff, der aber vorzugsweise nur in Beziehung auf das organische Gebiet Anwendung findet, von unsrem Prinzip abhängig machen, den der Zweckmäßigkeit.

In der Tat, überlegen wir es näher, so heißen uns die Entwicklungsvorgänge, die Einrichtungen und Außenbedingungen eines Organismus nur eben insofern zweckmäßig, als sie zu einem approximativ stabeln organischen Zustande zu führen und einen solchen innerhalb gewisser Zeitgrenzen, wenn auch mit größeren oder geringeren Abänderungen, fortzuerhalten vermögen; denn das Sterben eines Organismus beruht nach materieller Seite auf dem Verluste der organischen Stabilität. Hiernach fällt das Prinzip der Tendenz zur Stabilität mit dem teleologischen Prinzip, so weit dieses auf die materielle Seite der organischen Welt beziehbar ist, zusammen. Damit aber, daß die Tendenz zum Ziele noch nicht die Erreichung des Zieles bedeutet und das Ziel überhaupt nur in Approximationen erreichbar ist, gewinnen wir auch den Gesichtspunkt dafür, daß die organische Welt trotz des Waltens des teleologischen Prinzips in ihr doch fortgehens noch so vielen Störungen unterliegt, die den Charakter der Unzweckmäßigkeit tragen.

Auch widerspricht der Umstand, daß das Prinzip der Tendenz zur Stabilität den Übergang der organischen Stabilität in unorganische durch den endlichen Tod des Organismus nicht nur nicht hindert, sondern sogar im Sinne der Förderung der Stabilität zum endlichen Ziele hat, nicht der Identifizierung mit dem teleologischen Prinzip, dient vielmehr derselben zur Bestätigung, weil ja letztres Prinzip, so weit es in der Welt wirksam ist — und weiter kann von ihm nicht die Rede sein — den Tod der Organismen eben so wenig hindert.

Indem nun die Tendenz zur Stabilität sich im Sinne des Kausalprinzips durch gesetzliche Wirkung von Kräften vollzieht, liegt darin die so oft vermißte Vereinbarkeit beider Prinzipe im physischen Gebiete, indem sich beide nur dadurch unterscheiden, daß man beim Kausalprinzip den Grund, beim teleologischen das Ziel einer und derselben gesetzlichen Auseinanderfolge ins Auge faßt.

Die jetzt in Mode stehende Verketzerung des teleologischen Prinzips beruht in der Tat nur darauf, daß man kein mit dem Kausalprinzip solidarisches Prinzip der Tendenz, wohin es zielt, zu finden weiß. Im Prinzip der Tendenz zur Stabilität aber hat man ein solches Prinzip.

Man hat der neueren Deszendenzlehre eine wichtige Bedeutung darin beigelegt, daß das teleologische Prinzip dadurch gründlich eliminiert werde, indem die organische Zweckmäßigkeit danach nur dadurch zu Stande komme, daß von allen nach dem Kausalprinzip möglichen und wirklich werdenden Einrichtungen nur die zur Erhaltung und Fortpflanzung befähigten d. i. eben zweckmäßigen sich forterhalten und fortpflanzen können, die andern von diesen verdrängt werden und eingehen, so daß es keines, auf die Zweckmäßigkeit besonders gerichteten Prinzips bedürfe. An sich seien dem, allein für das Geschehen in Anspruch zu nehmenden, Kausalprinzip zweckmäßige und unzweckmäßige Erfolge gleichgültig und entständen daher gleichgültig sowohl die einen als andern, aber nur jene könnten sich erhalten. — Gilt nun aber das Prinzip der Tendenz zur Stabilität, so sind dem dessen Wege führenden Kausalprinzip zweckmäßige und unzweckmäßige Erfolge in der

Tat nicht gleichgültig, sondern ohne Zweckmäßigstes sofort vollständig zu erreichen, strebt es doch dieser Erreichung zu. Und wäre es nicht der Fall, so wäre überhaupt gar keine Gewähr gegeben, daß es je zu Einrichtungen, welche sich fortzuerhalten und fortzupflanzen vermögen, käme, da der denkbaren unhaltbaren Einrichtungen unendlich mehr als der haltbaren sind.

Inzwischen kann man von Zweckmäßigkeit überhaupt nicht gründlich ohne Mitrücksicht auf die psychische Seite der Existenz sprechen. Wenn wir beispielsweise die Erhaltung einer festen Ordnung des Himmels zweckmäßig nennen; so ist es deshalb, weil uns als empfindenden, ästhetisch bestimmbaren Wesen Ordnung überhaupt unmittelbar gefällt, und weil wir Erfolge dieser Ordnung im Sinne einer Mehrung unsres Wohlbefindens oder Verhütung des Gegenteiles spüren, indem wir uns in Raum und Zeit dadurch orientiert finden. Sonst wäre die Ordnung des Himmels aus dem Gesichtspunkte eines Zweckes so gleichgültig als das unregelmäßigste Herumfahren der Gestirne unter einander. Aus demselben Gesichtspunkte als die äußere Zweckmäßigkeit ist die innere zu betrachten. Sollte ein Organismus so eingerichtet sein, um sich 1000 Jahre in einem leidensvollen Zustande zu erhalten, so würde diese Einrichtung trotz der langen Erhaltung höchst unzweckmäßig sein; doch fallen allgemein gesprochen die innern Bedingungen möglichst langer Erhaltung oder langsamer Änderung eines stabeln organischen Zustandes mit den günstigsten innern Bedingungen des daran geknüpften Wohlbefindens zusammen, und kann man, wenn man die bestimmte Einrichtung eines Gegenstandes oder Systems vor Augen hat, bezüglich dazu Alles zweckmäßig nennen, was zur Erhaltung dieser Einrichtung beiträgt, ohne Rücksicht auf psychische Bedeutung; nur ist dies nicht der fundamentale Begriff der Zweckmäßigkeit.

Um nun das vereinbarte Prinzip der Kausalität und Teleologie mit auf die psychische Seite der Existenz zu übertragen, hat man nur anzunehmen, daß die physische Tendenz zur Stabilität Träger einer psychischen Tendenz zur Herbeiführung und Erhaltung eben der Zustände, worauf die physische geht, sei[16] ; dabei aber in Rücksicht zu ziehen, daß die psychische Tendenz teils über teils unter

---

[16] Hierzu ein Zusatz am Schluß dieses Abschnittes.

der Schwelle des Bewußtseins sein und teils instinktiv, teils mit der Vorstellung der äußern Mittel, wodurch sie sich vollzieht, und des Zweckes selbst behaftet sein kann.

Je nach den Annahmen nun, die man in diesen Hinsichten betreffs der Bewußtseinsverhältnisse der Welt im Ganzen so wie einzelner Gebiete derselben stellt, kann diese Auffassung noch eine sehr verschiedene Ausführung erfahren. Jeder Versuch einer solchen Ausführung aber begegnet der fundamentalen Schwierigkeit, daß der Mensch wie jedes Einzelwesen überhaupt unmittelbar nur von seinem eigenen Bewußtsein weiß, ohne doch das Dasein von Bewußtsein über ihn hinaus leugnen zu können, mithin weder positive noch negative Annahmen darüber durch direkte Erfahrung bewähren oder widerlegen kann, womit hier ein Spielraum für indirekte Schlüsse bleibt, die mehr oder weniger Zutrauen erwecken, überall aber zuletzt nur in einem Glauben Abschluss finden können, dessen Bedürfnisse bei Verschiedenen verschieden sind. Wie ich selbst dieselben zu befriedigen suche, sagt in Kürze der folgende Abschnitt.

Jedenfalls wird man nach Vorigem die kausale und teleologische Ansicht des Geschehens als sich ergänzend anzusehen haben, statt wie so oft die eine um der andern willen zu verwerfen; und kurz sagen können, daß der kausalen Auseinanderfolge des Geschehens ein derartiges teleologisches Prinzip immanent sei, daß psychische und physische Tendenzen nach denselben Zielen gehen. Je nachdem nun der kausale oder teleologische Gesichtspunkt klarer vorliegt oder die Richtung der Betrachtung durch die Absicht derselben bestimmt ist, wird man sich vorzugsweise an den einen oder andern halten können.

Bei einer eingehendern teleologischen und psychophysischen Verwertung des Prinzips der Tendenz zur Stabilität, als um die es sich hier handelte, wird unstreitig noch auf Vieles eine Rücksicht zu nehmen sein, die hier nicht genommen ist, sofern es hier nur um Aufstellung der allerallgemeinsten Gesichtspunkte zu tun war. Es wird in Betracht zu ziehen sein, daß die Tendenz zur Stabilität zwischen gegebenen Teilen oder Systemen um so schwächer ist, je entfernter von einander und durch je weniger Zwischenglieder sie verbunden sind, daß aber auch die teleologische und psychophysische Beziehung zwischen den Teilen oder Systemen damit abnimmt und der teleologische und psychophysische Nachtheil, der an der Instabilität hängt, sich damit mindert; daß die Periodizität, auf welcher die Stabilität beruht, eine einfache oder eine zusammengesetzte, in kurzen oder langen Perioden sich vollziehende sein, und ein System nach gewissen Bestimmungen oder Teilen stabel sein kann, indes es nach andern instabel ist u. s. w. Aber alles das sind Punkte, die nur die Ausführung, nicht die Aufstellung des allgemeinen Prinzips und der allgemeinen Gesichtspunkte seiner Verwertung betreffen.

Zusatz.

Insofern bewußte Antriebe immer mit Lust oder Unlust in Beziehung stehen, kann auch Lust oder Unlust mit Stabilitäts- und Instabilitätsverhältnissen in psychophysischer Beziehung gedacht werden ; und es läßt sich hierauf die anderwärts von mir näher zu entwickelnde Hypothese begründen, daß jede, die Schwelle des Bewußtseins übersteigende psychophysi-sche Bewegung nach Massgabe mit Lust behaftet sei, als sie sich der vollen Stabilität über eine gewisse Grenze hinaus nähert, mit Unlust nach Massgabe, als sie über eine gewisse Grenze davon abweicht, indes zwischen beiden, als qualitative Schwelle der Lust und Unlust zu bezeichnenden, Grenzen eine gewisse Breite ästhetischer Indifferenz besteht; wobei zu erinnern, daß möglicherweise jede Art von Bewegung in der Welt, mit Ausnahme etwa der gleichförmigen, als psychophysisch zu fassen, das heißt fähig ist, bewußt zu werden, wenn nur ein, nach Verschiedenheit der Bewegung verschiedener Grad ihrer lebendigen Kraft überschritten wird, welcher gegenüber der qualitativen Schwelle, die sich auf die Form der Bewegung bezieht, als quantitative Schwelle zu bezeichnen ist. Die sich leicht beim ersten Blicke darbietende Schwierigkeit, daß die lustvollste, also nach der Hypothese den stabelsten Bewegungszustand in einem Teile unseres psychophysischen Systems hervorrufende, Einwirkung bei konstanter Forterhaltung mehr und mehr an Lustwirkung verliert und endlich gar der Unlust der Langeweile oder des Überdrusses Platz macht, dürfte sich teils dadurch heben, daß die innere Erregung, welche von der Einwirkung abhängt, nach dem Gesetze der Abstumpfung mehr und mehr der quantitativen Schwelle der Stärke zusinkt, wovon der Grad der Lust mit abhängt, teils durch die Voraussetzung einer solchen Einrichtung unseres psychophysischen Systems, daß ein approximativ stabler Zustand des ganzen Systems nur mit einem gewissen Wechsel der Erregung zwischen seinen einzelnen Teilen besteht, welchem die über eine gewisse Grenze fortgesetzte einseitige Erregung irgend eines darunter widerspricht. Der Anschauung des schönsten Gemäldes werden wir endlich überdrüssig, aber nicht, weil uns das Gemälde, sondern der mangelnde Wechsel zu mißfallen anfängt. Zu weiteren Ausführungen ist hier nicht der Ort; und zuzugestehen, daß die vorige Hypothese der Unsicherheit bisher nicht ermangelt.

XII. Glaubensansichten.

Ungeachtet das Folgende wesentlich nur Glaubensansichten sind, welche ihr Motiv zum Teil in andern Gesichtspunkten finden, als hier zur Sprache kommen können, wüßte ich doch absolut nicht, was diesen Ansichten von exaktester Seite entgegenstände; nur begründen lassen sie sich so wenig exakt, als widerlegen; es gibt aber noch andre und höhere Interessen, als exakt abgemacht werden können, und die mit den hier zur Sprache kommenden in wesentlichem Zusammenhange stehen.

Ich wüßte zuvörderst nicht, was gegen eine mit Bewußtsein sich vollziehende Einrichtung der gesamten materiellen Welt, darunter der irdischen und organischen, bewiese. Man findet einen Gegengrund darin, daß diese Einrichtung sich mit gesetzlicher Notwendigkeit vollziehe, und mag nicht zweierlei Gründe des Geschehens statt eines haben, bewußte Antriebe und gesetzlich wirkende Kräfte. Nun sind aber gerade die, welche sich am entschiedensten auf diesen Standpunkt stellen, zugleich am festesten überzeugt, daß alle, selbst die höchsten Bewußtseinsprozesse im Menschen, den Willen desselben nicht ausgenommen, an materielle Vorgänge geknüpft sind, welche mit gesetzlicher Notwendigkeit entstehen und vor sich gehen und die Bewußtseinsprozesse eben so gesetzlich notwendig mitführen. Wie können sie also in einer gesetzlichen Notwendigkeit, mit welcher materielle Prozesse vor sich gehen, einen Gegengrund darin finden, daß dieselben Träger von Bewußtsein, beziehentlich von bewußten Antrieben, welche eben dahin, wohin die materiellen zielen, sind. Weshalb soll die schöpferische ordnende bildende Tätigkeit der Welt überhaupt eine gesetzlose sein, um sie für eine bewußte halten zu können? Erst mag der Naturforscher die bewußten Antriebe und Tätigkeiten im Menschen für gesetzlos entstehende und wirkende erklären, was er doch bei seiner deterministischen Entschiedenheit nicht mag, ehe er um der Gesetzlichkeit willen, mit welcher die Ordnung und Ausarbeitung der Welt zu Stande gekommen ist, sie für bewußtlos zu Stande gekommen erklärt. Ich vermisse in der Tat in den scheinbar exakten negativen Ansichten, welche hierüber im Kreise der heutigen Naturforscher vorherrschen, ganz den exakten Grund und die exakte Konsequenz. Vielmehr, statt dem Glauben an das Dasein eines bewußt waltenden

Gottes damit zu widersprechen, daß es keine Wunder gibt, hätten sie nur den Theologen damit zu widersprechen, wenn diese zum Glauben an Gott des Glaubens an Wunder bedürfen.

Gibt es aber Naturforscher, und nur mit Naturforschern will ich mich hier vernehmen, welche sich doch zum Glauben an die Möglichkeit von Wundern im Menschen bekennen, daß nämlich mitunter neue Anfänge eines kausalen Ablaufes des Geschehens im Menschen auftreten, welche keinen zulänglichen Grund in früherem Geschehen haben: so kann es ihnen auch nicht schwerer fallen, an die Möglichkeit solcher Wunder über den Menschen hinaus zu glauben. Denn mag man Gründe oder Schwierigkeiten für den Glauben finden, daß es überhaupt indeterministische Freiheit in der Welt gibt, und das ist es, um was es sich hierbei handelt, so sind es bezüglich des Geschehens im Menschen und über den Menschen hinaus dieselben. Überall bleibt es eine Glaubensfrage; und wie sie sich entscheide; so läßt sich danach nicht die Frage nach dem Dasein von Bewußtsein über den Menschen hinaus, sondern nur nach der Determination oder Indetermination des Bewußtseins überhaupt, entscheiden, um deren Entscheidung es hier nicht zu tun ist. Es ist nicht wohlgetan, Fragen, die sich scheiden lassen, zu vermischen.

Nun mag der Naturforscher noch andre Gründe haben, ein bewußtes Schaffen und Walten in der Welt über das menschliche und tierische hinaus zu leugnen, vor Allem, daß es keine Nerven über Menschen und Tiere hinaus gibt. Ich meine aber, anderwärts[17] handgreiflich genug gezeigt zu haben, um hier nicht darauf zurückzukommen, daß der Schluß, den man aus der Abwesenheit von Nerven auf die Abwesenheit von Empfindung und Bewußtseinsvorgängen überhaupt zieht, dem vorigen an Bündigkeit nur gleich kommt; finde auch nicht, daß er dadurch exakter wird, daß exakte Forscher immer noch fortfahren, darauf zu fußen, obwohl ich mich wundre, daß sie es tun.

Mancher auch mag einen bestimmten Zentralpunkt in der Welt vermissen, worin sich die Einheit eines Weltbewußtseins reflektiere, und wovon einheitlich durch die Welt durchgreifende bewußte

---

17 "Nanna" 73; "Über die Seelenfrage" 27.

Antriebe den Ausgang nehmen. Aber ist denn ein solcher Zentralpunkt für das menschliche Bewußtsein im menschlichen Gehirn zu finden? Und eben so gut könnte man für die, einheitlich durch die Welt durchgreifende, Gravitation den bestimmten Zentralpunkt vermissen, worein sie sich reflektiere und wovon ihre Wirkungen den Ausgang nehmen. Doch auch hierüber habe ich mich anderwärts[18] genug verbreitet.

Daß es positive Motive gibt, die den Glauben, dem man auf Grund solcher und andrer Fehlschlüsse und lockern Betrachtungen widersprechen zu müssen glaubt, mit Naturnotwendigkeit in der Welt hervortreiben, beweist die Verbreitung und Forterhaltung desselben durch die Völker und Zeiten; denn es ist der religiöse Glaube, den man immer von Neuem anfechten, aber niemals stürzen kann, der freilich genug Austriebe erzeugt, die mit der Zeit fallen, aber nur nach Maßgabe als ein Stamm desselben erstarkt und sich in bleibende Zweige ausbreitet, das ist der Glaube an einen einigen lebendigen Gott mit seinen Konsequenzen. Mag auch der Glaube zeitweise sich schwächen oder verwerfen, — und leben wir nicht in einer solchen Periode, wie eine solche schon mehrmals erlebt worden ist — so ist es nur ein Rücklauf mit Ansatz zu neuer Kräftigung oder Reinigung. Denn die Welt braucht den religiösen Glauben, und daß sie ihn braucht, gehört selbst zu den treibenden Motiven, rechtfertigenden Gründen, gestaltenden und reinigenden Mitteln desselben, worüber sich mehr sagen ließe, als hier der Ort wäre, zu sagen[19] . Wenn man aber in den Lehrbüchern der Mechanik und Predigten der Materialisten weder etwas von diesen Motiven noch Gründen findet, so hat man sie auch nicht da zu suchen; dennoch bestehen sie.

Scheut man den Dualismus zweier wirkenden Prinzipien? Aber um ihm zu entgehen, stehen ja verschiedene monistische Auffassungen zu Gebote, die nicht nötigen, von einem bewußten Wirken in der Welt zu abstrahieren; und wie sollten sie, da sie ein solches im Menschen bestehen lassen müssen, warum nicht also auch dar-

---

[18] "Atomenlehre". 2. Ausg. 27. Abschn. "Elemente d. Psychophysik" II, 392 ff.

[19] Eingehender ist davon gehandelt in meiner Schrift: "Die drei Motive und Grunde des Glaubens". Leipzig, Breitkopf & Härtel.

über hinaus? Meinerseits fasse ich das Bewußtsein[20] überhaupt als innere Erscheinung dessen, was als materieller Prozeß äußerlich erscheint, indem ich finde, daß durch diese Fassung die fundamentalsten Tatsachen der Beziehung von Leib und Seele besser in Zusammenhang repräsentiert werden, als durch jede andre Fassung[21]; und vielleicht täte man besser, dies künftig zu beachten, als wie seither zu ignorieren; mögen aber immerhin Andre unsre Fassung hier in eine ihnen geläufigere übersetzen.

Nun liegt meines Erachtens die Aufgabe der Naturwissenschaft als solcher darin, die Welt und das Geschehen darin im Zusammenhange von äußerem Standpunkte nach Seite der äußeren Erscheinlichkeit ins Auge zu fassen und zu verfolgen; und man hat unstreitig Recht, nicht mit geistigen Mächten, die bloß Sache der Betrachtung von innerem Standpunkt und mithin Sache der inneren Erscheinlichkeit sind, dahinein zu stören. Jede beider Betrachtungsweisen hat ihre eigene Konsequenz. Also ist einer naturwissenschaftlichen Schöpfungsgeschichte als solcher nicht zuzumuten, sich mit geistigen Schöpfungskräften zu befassen; aber mit der Behauptung, daß es kein schöpferisches Bewußtsein als innere Erscheinung des materiellen Weltprozesses gebe, sollte sie sich eben so wenig befassen; denn es liegt gar nicht auf ihrem Wege, ein Urteil darüber zu haben. Daß etwas nicht in eine Lehre gehört, beweist noch nicht, daß es nicht existiert. So hat auch die Physiologie statt mit Denken und Wollen nur mit den Gehirnprozessen zu tun, welche als äußere Erscheinlichkeit dazu gehören. Könnte man in ein lebendiges Gehirn äußerlich hineinsehen, so könnte man doch nichts von dem bewußten Geiste darin sehen, der bloß Sache der innern Erscheinlichkeit ist, und so, wer in die Welt äußerlich hineinsieht, nichts von dem bewußten Gotte darin; daher es freilich natürlich ist, daß Laplace beim Durchmustern des ganzen Himmels Gott nicht finden zu können erklär-te; er stand eben nicht auf dem innern göttlichen Standpunkt. Kann man nun durch die Physiologie

---

[20] Hier im weitesten Sinne, d. i. nicht bloß als Selbstbewußtsein, sondern so verstanden, daß auch die sinnlichste Empfindung darunter tritt.

[21] Vergl. den Eingang des ersten Teiles meiner "Elemente der Psychophysik". Eingehender ist diese Ansicht vom Verhältnisse zwischen Leib und Seele in "Zendavesta" II, 313 besprochen; und eine Vertiefung derselben findet sich in der Schrift "Über die Seelenfrage" Abschn. X.

die Psychologie nicht eliminieren, so sollte man auch durch die Naturwissenschaft die Religion, durch die materiellen die geistigen Schöpferkräfte nicht eliminieren wollen. In der Religion aber ist bloß die historische und praktische Seite der Erkenntnisse vom Dasein und Walten eines bewußten Geistes in der Welt vertreten, die theoretische wird man schließlich in einer Psychophysik höhern Stils zu suchen haben, als bis jetzt vorliegt, und als wovon die Ahnung im Materialismus und der seitherigen Philosophie überhaupt besteht.

Nach diesen allgemeinen Vorbemerkungen gehe ich mit einigen Worten näher auf die hier zu besprechenden Glaubensansichten ein.

Ohne irgend eine bestimmte Ordnung in der Urausteilung der Weltmaterie vorauszusetzen, suche ich das Walten des bewußten weltschöpferischen und ordnenden Prinzips in der Hervorrufung der Ordnung selbst durch die demselben dienstbaren Kräfte. Wäre die Welt von Anfange an geordnet gewesen, so gab es auch für Gott nichts mehr darin zu tun; die durch die Welt durchgehende Tendenz zur Ordnung macht sich nun nach materieller Seite als Tendenz zur Stabilität geltend; und diese hat dieselbe Richtung als die daran geknüpfte oder innerlich darin erscheinende bewußte Tendenz, nicht anders, als die materielle Tendenz, meinen Arm zu bewegen, dieselbe Richtung hat, als der daran geknüpfte Wille.

Dies, durch die ganze Welt durchgehende bewußte schöpferische und ordnende Prinzip betätigt sich nun auch in Ordnung und Ausgestaltung des irdischen Reiches und hiermit in Schöpfung und Entwicklung des organischen Bestandes dieses Reiches; und das Bewußtsein der Geschöpfe selbst ist als ein Sproß aus dem in das irdische Reich eingesenkten und darin individualisierten Urbewußtsein anzusehen. Die Bibel sagt, daß Gott dem Menschen die Seele einblies. Wohl; nur geschah es nicht aus dem Leeren, sondern das kosmorganische Reich der Erde war das von Gottes Odem erfüllte Gebläse, aus dem der Wind in alle Pfeifen drang.

Zwar kann man darauf hinweisen, daß der menschliche Embryo eine lange Reihe von Entwicklungsstufen im Unbewußtsein durchläuft, bis er in ein bewußtes Leben hineingeboren wird; und meinen, entsprechend sei es mit der ganzen Welt und mit der Erde insbesondre gewesen; erst spät, erst mit Entstehen der organischen

Geschöpfe, sei überhaupt Bewußtsein in ihr erwacht. Aber man kann auch darauf hinweisen, daß die Entwicklungsstufen, die der Embryo eines Geschöpfes jetzt unbewußt durchschreitet, nur die Folge von Entwicklungsstufen sind, welche von den Vorstufen des Geschöpfes bewußt durchlaufen wurden, und sich jetzt im Embryo nur durch Vererbung wiederholen, durch die sich überhaupt bewußt Entstandenes unbewußt zu wiederholen vermag, Beweis: die Einrichtung des Schäferhundes und Hühnerhundes zu ihren Leistungen; – weiter, daß der Embryo auch heute noch nur von bewußten Eltern gezeugt und geboren werden und die angeerbten Anlagen nur mit Bewußtsein weiter ausarbeiten kann. So weit wir es also rückwärts und um uns verfolgen können, entsteht bewußtes Leben und entstehen Einrichtungen zu bewußtem Leben nur aus bewußtem Leben[22] , und steht hiernach der Glaube frei, daß auch die erste Entstehung des Bewußtseins der Geschöpfe aus einem bewußten Quelle heraus geschahe. Und warum sollte ein kosmorganisches System nicht so gut Träger von Bewußtsein sein können, als die molekular – organischen, die es erzeugt? Ich wiederhole es, exakt beweisen läßt sich's nicht; aber es handelt sich ja auch hier nur darum, scheinbar exakte Gegenbeweise gegen einen Glauben, der sich auf andre Gesichtspunkte als exakte Beweise zu stützen hat, zu entkräften und selbst Wahrscheinlichkeitsgründe dafür zu eröffnen.

Erfahrungsmäßig hinterläßt überhaupt alle bewußte Tätigkeit beim Erlöschen (Herabsinken unter die psycho-physische Schwelle) Rückstände, Einrichtungen in der Organisation, welche nicht nur die Wiederholung derselben bewußten Tätigkeit in demselben Individuum erleichtern, sondern auch bis zu gewissen Grenzen der Vererbung fähig sind. Und so ist in der Tat kein Hindernis zu denken, daß die ganze heutige zweckmäßige Bildung des Embryo nur die vererbte Hinterlassenschaft der durch eine lange Reihe von bewußten Generationen geschehenen Ausarbeitung der ersten, ihrerseits bewußt zu Stande gebrachten Anlage des Menschen sei, die der geborene Mensch eben deshalb nur noch in feinere Bestimmungen ausarbeiten kann, weil er die ganze Hauptanlage als Erbe früheren bewußten Erwerbes bei der Geburt fertig mitbekommen.

---

[22] Natürlich widerspreche ich hiermit der Hartmann'schen Lehre, der zu widersprechen aber auch von andrer Seite Anlaß genug vorliegt.

Was aber von der zweckmäßigen Einrichtung des menschlichen Embryo gilt, wird von der zweckmäßigen Einrichtung der ganzen Welt gelten. So viel davon jetzt unbewußt im Dienste bewußten Lebens oder als Ansatzpunkt neuen bewußten Lebens fortbesteht und fortwirkt, wird nur der Rest oder das Erbe früheren bewußten Schaffens und Wirkens sein.

Man streitet wohl, ob das Ei oder die Henne das Erste war. Aber dieser Streit ist nicht damit zu verwechseln, ob Unbewußtsein oder Bewußtsein das Erste war; denn auch das unbewußte Ei würde keine bewußte Henne geben können, wenn es nicht die Anlage dazu als Erbe von früherem Bewußtsein her hätte, das man nur nicht in einer ersten Henne; sondern in dem kosmorganischen Reiche zu suchen hat.

Daß die Ausarbeitung der gesamten Welt, und darin des irdischen und organischen Reiches insbesondere, durch bewußte Tätigkeit geschehen sei, schließt freilich noch nicht ein, daß sie auch durchgehens mit bewußter Voraussicht und Zwecksetzung geschehen sei. Aber es ist natürlich zu glauben, daß diese von jeher so weit gegangen seien; als es zur Erreichung der Weltzwecke, so weit sie nun eben bisher erreicht sind, nötig war, und daß sie zu aller Zeit über die bewußte Voraussicht und Zwecksetzung der Geschöpfe derselben Zeit hinausgegangen seien, sofern diese bloß untergeordnete Glieder des Ganzen, dem das allgemeine Bewußtsein zugehört, sind; ein umfassenderer Geist kann aber auch umfassendere Voraussicht haben. Ohne Bewußtsein fern liegender Zwecke kann Vieles zweckmäßig mit und aus dem Bewußtsein gegenwärtiger Bedürfnisse oder Übel heraus geschehen, sofern deren Empfindung (genauer materieller Prozeß, woran die Empfindung hängt) unmittelbar den Prozeß zur Erfüllung des Bedürfnisses oder Abwendung des Übels auslöst, nach psychophysisch zu verwertenden Gesetzen, welche sich dem Prinzip der Tendenz zur Stabilität unterordnen. Aber jede Entwicklung bewußten Lebens wird auch zur bewußten Voraussicht und Setzung ferner Zwecke führen, indem selbst viele gegenwärtige Bedürfnisse und Übel nur durch eine Kette von Tätigkeiten erfüllt oder gehoben werden können, wozu eine mit Bewußtsein und in Zusammenhang mit Bezug auf das Endziel erfolgende neue Einrichtung der organischen Maschine des Menschen im Besondern oder Welt im Ganzen nötig ist, kurz, wozu bewußte

Voraussicht und Zwecksetzung als innere Erscheinung der zum Zweck führenden Tätigkeiten gehören. So weit nun das in das göttliche mit eingehende menschliche Bewußtsein fern liegender Zwecke reicht, dieselben zu erfüllen, wird Gott sich nicht darüber hinaus bemühen, sondern sich eben in dem Menschen und durch den Menschen darum kümmern; aber indem es in keinem endlichen Geschöpfe weit reicht, wird auch für Gott Anlaß sein, sich mit einer weitern Voraussicht und Zwecksetzung darum zu kümmern; und das wissenschaftliche Vertrauen in das Prinzip der Tendenz zur Stabilität wird sich dem religiösen Vertrauen, daß Gott Alles zum Besten lenken und wenden werde, unterbauen können, sofern die göttliche Fügung und Führung unwandelbar im Sinne dieses Prinzips geht, was nichts Andres als das Prinzip erfolgreichen Strebens zu einem befriedigenden Endziel ist.

Nun kann man sagen: dann verlasse ich mich vielmehr auf das Prinzip, als auf Gott. Aber eins scheidet sich nicht vom Andern, wenn das Prinzip eben das Prinzip göttlichen Schaffens und Waltens ist. Das lebendige Vertrauen eines bewußten Wesens kann doch nur auf die bewußte Seite des Prinzips gehen. Auch wer sich auf Eltern und Freunde verläßt, richtet sein Vertrauen vielmehr auf das, was er vom Bewußtsein derselben weiß oder voraussetzt, als auf ein Prinzip, was die materiellen Prozesse beherrscht, die ihrem Bewußtsein unterliegen, obschon es solche gibt, die ihm unterliegen. Nicht anders kann es mit dem Vertrauen auf Gott sein.

Nach der Grundvorstellung, die wir uns vom kosmorganischen Systeme machten, ist kein Grund, das Bewußtsein darin von Anfange an als gespalten anzusehen. Aber es kann sich fragen, wie es sich jetzt damit verhält, nachdem sich dies System in ein molekular – organisches und unorganisches, und jenes in die verschiedenen Geschöpfe auseinandergesetzt hat. In dieser Hinsicht aber können Schluß wie Glaube verschiedene Wege gehen.

Gar wohl kann man sich denken, daß bei der Differenzierung der kosmorganischen Urmaterie in Molekular – Organisches und Unorganisches das Unorganische unter der Schwelle des Bewußtseins blieb, und nur das Organische als überhaupt bewußtseinsfähig über die Schwelle emportrat; und daß bei der Differenzierung der organischen Materie in Pflanzliches und Tierisches abermals das Pflanzliche unter der Schwelle zurückblieb, und nur das Tierische sie überstieg, das Bewußtsein des Tierreichs aber in getrennte Einheiten zerfiel. Hiermit kommt man auf die jetzt herrschenden Vorstellungen zurück.

Hiergegen ist mein Glaube, daß das kosmorganische Reich sich in seiner Entwicklung geistigerseits eben so wie materiellerseits nur gegliedert, nicht gespalten hat, wie ich dasselbe von der ganzen Welt glaube, nach materieller Seite aber gar nicht bloß zu glauben brauche.

In der Tat meine ich, daß die Schöpfung der einzelnen organischen Geschöpfe keinen anderen Sinn hatte, als die Bewußtsein tragenden und demselben dienenden körperlichen Einrichtungen nach den Örtlichkeiten und Umständen in zweckentsprechendster Weise zu spezialisieren und zu kombinieren, und dadurch das ganze bewußte Leben der Erde auf eine höhere Stufe zu heben, als welche sich ohne Sonderung — des Bewußtseins der Geschöpfe und der unterliegenden materiellen Einrichtungen dazu erreichen ließ, weil höhere Beziehungen und Verknüpfungen selbst eine Unterschiedenheit und in gewissem Sinne Geschiedenheit des zu Verknüpfenden voraussetzen. Wie sollen z. B. gesellige Beziehungen zwischen den Menschen entstehen, wenn nicht das Bewußtsein der Menschen aus gewissem Gesichtspunkte geschieden ist. Eben so wenig aber könnten sie bestehen, wenn es nicht aus anderm Gesichtspunkte verknüpft wäre. Diese Verknüpfung aber geschieht materiellerseits durch das unorganische Reich, und dieses könnte keine Verknüpfung zwischen Geistern bewirken, ohne selbst Träger geistiger Zwischenwirkung zu sein. Der Blick geht durch den Lichtäther, mit dem wir alle umgeben sind; das Wort geht durch die Luft; der Gang, die Fahrt folgt den Straßen auf der Erde; die Schrift, die Werke der Kunst sind fest gewordene Reste früherer bewußter Tätigkeit, geeignet, neues Bewußtsein zu entzünden. Jeder von uns empfindet nur einseitig das Eingreifen davon in sein Bewußtsein und dadurch eine Beziehung zu anderm Bewußtsein, ohne die Gesamtheit dieser Beziehungen zu empfinden. Ich meine aber, daß all das von einem gemeinsamen Bewußtsein übergriffen wird, welches außer der Summe des Bewußtseins der einzelnen organischen Geschöpfe auch das Bewußtsein der gesamten Beziehungen dazwischen einschließt in ähnlichem Sinne, als die auch in gewissem Sinne geschiedenen Bewußtseinsgebiete unserer einzelnen Sinne von einem gemeinsamen Bewußtsein übergriffen werden, welches außer der Summe derselben auch das Bewußtsein ihrer Beziehungen einschließt. Über der einheitlichen Bewußtseinsverknüpfung im irdischen Reiche aber wird es endlich noch eine solche für die ganze Welt geben.

Denken wir uns die Saiten, die zu einer Musik zusammenwirken, lebendig, jede ihren eigenen Ton und die Veränderung ihres Tones durch die Fortpflanzung der Schwingungen in sie hinein von andern Saiten her empfindend, so konnte sie diese Veränderung doch nur als schwache Nuancierung ihres eigenen Tons empfinden, und jede andre Saite würde die ihr zukommende als eine andre Nuancierung für sich empfinden. Aber wenn die Luft zugleich und in Zusammenhang mit den Saiten empfände, so könnte das System von beiden mit den Tönen der einzelnen Saiten auch die volle Melodie und Harmonie des ganzen Spiels empfinden, indem sich die Schwingungen aller Saiten durch die Luft fortpflanzten und in ihr kreuzten, doch aber das Spiel nur durch Vermittelung der Saiten erzeugt und unterhalten werden, und weder in den Saiten für sich noch der Luft für sich die Bedingung der Vernehmbarkeit des ganzen Spiels gesucht werden. Für die Saiten setze die organischen Geschöpfe, für die Luft das unorganische Reich dazwischen. Im Grunde ist es dasselbe Prinzip, als nach welchem die so einfachen nur unter einander höchst verwickelten Gehirnfasern Brücken zwischen allen unsern Sinnes- und Bewegungsorganen schlagen. Das sind festgelegte Brücken; aber es bedarf zu diesen festgelegten Brücken in den Organismen der frei veränderlichen, soll nicht das ganze Leben der Erde in feste Bande geschlagen sein.

So verwickelt unsere Gehirne sind, und so sehr man geneigt sein mag, an diese Verwickelung eine Höhe geistiger Eigenschaften zu knüpfen, so ist die Welt unsäglich verwickelter, indem sie eine Verwicklung aller in sie eingehenden Verwickelungen, darunter unserer Gehirne selbst, ist; warum nicht also auch noch höhere geistige Eigenschaften, als uns zukommen, an diese höhere Verwickelung knüpfen. Der Bau und Ausbau des Himmels erscheint in der Tat nur einfach, wenn man bloß auf die großen Massen, nicht auch auf deren Ausarbeitung und Verkettung, achtet. Die Weltkörper sind doch keine rohen gleichförmigen Klumpen, und die Beziehun-

gen von Licht und Schwere greifen zwischen ihnen in mannich-
fachster und verwickeltster Weise durch. Daß aber das Viele in der
Welt sich auch einheitlich gruppiert, zusammenfaßt, gliedert, widerspricht nicht dem Gedanken, sondern stimmt nur dazu, daß es
sich geistig entsprechend zusammenfaßt.

Man muß freilich bei all' dem jenes Dogma, was falsche Erfah-
rungsschlüsse vielmehr begründet, als aus einem richtigen folgt,
fallen lassen, daß Bewußtsein bloß an feste Nervenstränge gebunden ist. Auch hindert beim Fehlen aller widersprechenden Gesichtspunkte nichts, einen Lichtstrahl nur für einen seiner Eiweiß-
hülle entkleideten Nerven zu halten und mit dieser Annahme andere Gesichtspunkte zu ergänzen, wenn sie dessen bedürfen. Solche
Nerven aber durchkreuzen das All und verweben sich im All.

Auch hinsichtlich der Empfindungslosigkeit der Pflanzen teile ich
die herrschenden Ansichten nicht. Aber es ist nicht meine Absicht,
hierüber in Näheres einzugehen, oder das Vorige weiter auszuführ-
ren, nachdem ich mich in früheren Schriften[23] genug darüber verbreitet habe. Ich bin mir bewußt, darin die tatsächlichen Verhältnisse sorgfältig in Zusammenhang erwogen zu haben, die überhaupt
bisher zur Begründung einer klaren, mit unsern naturwissenschaftlichen und religiösen Interessen gleich verträglichen, Ansicht in
diesen Dingen, gegenüber einer Konstruktion aus leeren Begriffen
oder starren Dogmen, zu Gebote stehen, in Erwartung, daß die
Psychophysik einst noch größere Sicherheit bieten wird; und finde
nicht, daß diese durch das Chaos der herrschenden Ansichten ge-
schlossen durchgehenden Betrachtungen dadurch zu Phantasterei-
en werden, daß man sie dafür aus Gesichtspunkten und nach
Schlüssen erklärt, wie die, deren ich Eingangs gedachte, die nicht
einmal den Wert von Phantastereien haben. Wundert man sich aber;
daß der "Zendavesta" und "Die Elemente der Psychophysik" aus
demselben Menschen gekommen, so ist es dasselbe Wundern, als
daß Gezweig und Wurzel aus demselben Keime gekommen und
sich zur selben Pflanze zusammengefunden haben. Freilich kann
die Wurzel nicht unmittelbar in das Gezweig hineinreichen.

---

[23] »Nanna«, »Zendavesta«, "Über die Seelenfrage« und »Die drei Motive und
Gründe des Glaubens«.

Natürlich sind alle Gleichnisse, die wir brauchen können und anderwärts gebraucht haben, die Verhältnisse des Ganzen an Verhältnissen von Teilen des Ganzen zu erläutern, eben nur Gleichnisse, die nicht bis ins Letzte treffen können, sondern bloß so weit, als der Unterschied des Teils vom Ganzen, des Besondern vom Allgemeinen, worin das Besondere inbegriffen ist, nicht in Betracht kommt. Die Welt im Ganzen hat kein Gehirn wie der Mensch, sonst wäre sie nicht mehr, nicht Größeres und Höheres als der Mensch; aber das hindert nicht, daß gemeinsame Prinzip der Einrichtung und Leistung von der Welt in den Menschen herab und von diesem in die Welt hinaufreichen; diese hat man ins Auge zu fassen und zu verfolgen und dabei den Gesichtspunkt zu erhöhen und zu erweitern, um das Höhere und Weitere zu erblicken, nicht zu den größeren und höheren Leistungen in der Welt die gleichen Einrichtungen als im Menschen zu suchen oder zu fodern, und weil man sie nicht findet, ihr die Fähigkeit auch nur zu gleichen Leistungen abzusprechen. Doch ist dies die hergebrachte Weise, diese Dinge zu behandeln; und so darf es mich freilich nicht befremden, wenn man sich nicht darein finden kann und es mir allseits verdacht hat, daß ich mehr auf Gleichnisse in erstem Sinne, das ist mit Rücksicht auf die Ungleichheit der Verhältnisse, als das Gleiche in letztem Sinne gebe.

Über tredition

Eigenes Buch veröffentlichen

tredition wurde 2006 in Hamburg gegründet und hat seither mehrere tausend Buchtitel veröffentlicht. Autoren veröffentlichen in wenigen leichten Schritten gedruckte Bücher, e-Books und audio-Books. tredition hat das Ziel, die beste und fairste Veröffentlichungsmöglichkeit für Autoren zu bieten.

tredition wurde mit der Erkenntnis gegründet, dass nur etwa jedes 200. bei Verlagen eingereichte Manuskript veröffentlicht wird. Dabei hat jedes Buch seinen Markt, also seine Leser. tredition sorgt dafür, dass für jedes Buch die Leserschaft auch erreicht wird.

Im einzigartigen Literatur-Netzwerk von tredition bieten zahlreiche Literatur-Partner (das sind Lektoren, Übersetzer, Hörbuchsprecher und Illustratoren) ihre Dienstleistung an, um Manuskripte zu verbessern oder die Vielfalt zu erhöhen. Autoren vereinbaren direkt mit den Literatur-Partnern die Konditionen ihrer Zusammenarbeit und partizipieren gemeinsam am Erfolg des Buches.

Das gesamte Verlagsprogramm von tredition ist bei allen stationären Buchhandlungen und Online-Buchhändlern wie z. B. Amazon erhältlich. e-Books stehen bei den führenden Online-Portalen (z. B. iBookstore von Apple oder Kindle von Amazon) zum Verkauf.

Einfach leicht ein Buch veröffentlichen: **www.tredition.de**

Eigene Buchreihe oder eigenen Verlag gründen

Seit 2009 bietet tredition sein Verlagskonzept auch als sogenanntes "White-Label" an. Das bedeutet, dass andere Unternehmen, Institutionen und Personen risikofrei und unkompliziert selbst zum Herausgeber von Büchern und Buchreihen unter eigener Marke werden können. tredition übernimmt dabei das komplette Herstellungs- und Distributionsrisiko.

Zahlreiche Zeitschriften-, Zeitungs- und Buchverlage, Universitäten, Forschungseinrichtungen u.v.m. nutzen diese Dienstleistung von tredition, um unter eigener Marke ohne Risiko Bücher zu verlegen.

Alle Informationen im Internet: **www.tredition.de/fuer-verlage**

tredition wurde mit mehreren Innovationspreisen ausgezeichnet, u. a. mit dem Webfuture Award und dem Innovationspreis der Buch Digitale.

tredition ist Mitglied im Börsenverein des Deutschen Buchhandels.

Dieses Werk elektronisch lesen

Dieses Werk ist Teil der Gutenberg-DE Edition DVD. Diese enthält das komplette Archiv des Projekt Gutenberg-DE. Die DVD ist im Internet erhältlich auf **http://gutenbergshop.abc.de**